SOUVENIRS HISTORIQUES.

Paris. — IMPRIMERIE DE PH. CORDIER, 24, rue du Ponceau.

SOUVENIRS HISTORIQUES

DU

CAPITAINE KRETTLY,

Ancien Trompette-Major

DES GUIDES D'ITALIE, D'ÉGYPTE ET DES CHASSEURS A CHEVAL
DE LA GARDE IMPÉRIALE, ETC.,

Devant fournir quelques documens importans aux écrivains qui feront l'Histoire du
Midi pendant les Cent jours ;

PAR F. GRANDIN,

MEMBRE DE L'INSTITUT HISTORIQUE.

Apparent rari nantes in gurgite vasto.
Virg. Énéide

PARIS,

BIARD, ÉDITEUR,

Rue du Grand-Prieuré, 14, au coin de celle d'Angoulême
du Temple.

1858

CHAPITRE PREMIER.

INTRODUCTION.

De toutes les histoires écrites depuis le commencement du monde jusqu'à nos jours, aucune n'a été plus ardemment désirée, plus avidement dévorée que celle de Napoléon et de sa vieille armée. Vingt auteurs différens ont écrit la vie de l'Empereur avec plus ou moins de mérite; tous ont été lus avec plai-

sir; son nom est le besoin de notre époque.
Nous frémissons d'attendrissement à chaque
page qui nous peint le héros que la France
révère, mais qu'elle ne comprend pas encore.

Tout le monde sait par cœur son Napoléon, et toutes les jeunes mères d'aujourd'hui
bercent, pour ainsi dire, leurs enfans avec
une narration de ses incomparables travaux;
narration qui tient plutôt de la féerie que de
l'histoire : et pourtant, Napoléon a existé. Il
n'y a, entre lui et nous, qu'un passé de quelques lustres. Son règne se reproduit à notre
imagination comme un beau rêve qui s'évanouit; comme une flamme brillante qui vient
de s'éteindre, et dont la fumée ondoie encore
dans les airs, et répand, en montant, sur
notre belle France, le parfum des souvenirs.

Napoléon!... Partout Napoléon!.. Ce nom
repose dans le cœur de tous les Français
comme sur un autel sacré; il est gravé sur le

marbre et sur l'airain, et lui-même l'a inscrit en lettres d'or sur le frontispice du monde !.. Mais ce nom si glorieux pour nous se placera-t-il seul sur le grand livre de l'histoire? Non. Ses éternels compagnons, cette vieille garde tant vantée à de si justes titres, ces illustres grognards, devant qui s'éclipsent aujourd'hui les troupes des Alexandre et des César, ces vieux amis qui lui ont distillé goutte à goutte tout le sang de leurs veines ; qui ont compté pour sa gloire chacune de leurs années, chacun de leurs jours, chaque instant de leur existence, marcheront côte à côte avec lui dans le sentier de l'immortalité : Et le nom de ces hommes uniques dans l'histoire ne périra pas plus que celui de l'homme unique qu'ils ont accompagné pendant le cours fantastique de sa vie.

Cependant, parmi ces masses d'hommes qui le suivaient au milieu des hasards, qui tous cachaient un héros sous l'habit grossier de soldat, il y a une grande distinction à faire.

Les uns ont parcouru, paisiblement et sans aucun grade, leur carrière militaire; se contentant d'un regard de satisfaction, d'un mot affectueux de leur ami, ou lui arrachant un morceau de sa célèbre redingote, qu'ils attachaient religieusement sur leur poitrine, pour remplacer la croix qu'ils croyaient, avec raison, avoir méritée : Gagner des batailles et mourir pour lui, voilà la seule ambition de ces hommes qui n'avaient pour toute instruction que le talent de manier habilement leur fusil.

Les autres qui ne possédaient, pour la plupart, que les premières notions de la lecture et de l'écriture, mais qui, en l'absence d'un chef tombé au champ d'honneur, s'emparaient, d'une main habile et vigoureuse, du gouvernail abandonné, et conduisaient le navire à bon port, étaient souvent appelés à de plus hautes destinées que les premiers.

Oh! ceux-ci, c'étaient l'élite de l'armée;

aussi Napoléon en a-t-il souvent fait indistinc-
tement des officiers improvisés au milieu
d'une mêlée, et qui se sont élevés graduelle-
ment au rang de colonels et de généraux. Plusieurs même d'entre eux sont devenus, sous
lui, des maréchaux de France. Aussi, les ai-
mait-il comme un père aime ses propres enfans : Il leur avait appris à lire dans ses yeux,
à penser sa pensée, à deviner son âme, et à
l'accompagner dans ses conceptions d'aigle.
On eût dit qu'eux et lui ne faisaient qu'un; il
se fiait à eux : ils ne le trompaient jamais;
une simple observation de ces hommes à
écorce de fer, mais au génie dévorant, l'ai-
dait souvent à déconcerter les plans les mieux
combinés de ses adversaires.

Il en est un surtout auquel il portait une
affection toute particulière ; aussi cet homme
lui avait-il voué son existence tout entière, et
lui dut-il, à plusieurs reprises, sa fortune et sa
ruine, son élévation et l'oubli des hommes.

Ils se sont peu quittés, et leur histoire offre partout deux lignes presque parallèles; l'une, j'en conviens, est visible à peine, tandis que l'autre est tracée en caractères ineffaçables...

C'est le nain à côté du géant !

Vous le chercheriez vainement parmi les sommités belliqueuses de l'époque; si vous ne le trouvez pas monté sur le dernier échelon des grandeurs militaires, vous le verrez en échange plus d'une fois le premier sur la brèche, suant son sang et sa vie pour l'honneur de la France, et le triomphe du maître qui l'avait fasciné.

Son nom, c'est Krettly.

Sa qualité, ancien trompette-major des chasseurs à cheval de la garde impériale; c'est du moins celle qu'il préfère à toutes les autres.

Dix-sept blessures, dont dix reconnues;

trois armes d'honneur reçues cinq années avant la création de la légion d'honneur, voilà ses titres auxquels on peut ajouter celui de légionnaire, car il fut reçu au dôme des Invalides, membre de cette admirable institution, le premier vendemiaire, an douze.

Soldat pour ainsi dire dès le sein de sa mère, il reçut une éducation de soldat, et avant de connaître son rudiment, il avait appris comment on bat les ennemis de son pays. Il a grandi dans les camps, traînant, de champs de bataille en champs de bataille, la fougue de sa jeunesse, et son courage d'homme ; faisant tomber sa redoutable épée sur les ennemis de la France, et foulant sous les pieds de ses chevaux leurs cadavres sanglans.

C'est ainsi qu'il arrive à l'infortune la plus criante au milieu des ossemens humains ; qu'il est obligé d'abandonner la France, sa patrie, et qu'après d'innombrables tempêtes sur la mer agitée de la vie, d'où il n'a pu sauver que sa tête et son honneur ; il quitte sa terre d'exil, terre hospitalière qu'il n'oublia jamais, et revient en France, jouir d'une pension trop médiocre pour élever une famille nombreuse, et honorer le corps musical, en prenant sa place au milieu de nos artistes parisiens.

Que de revers ! que de philosophie !

Sages du siècle, à vous les réflexions ; à moi, l'éthopée de ce vénérable ami. Cette peinture, je l'avoue, est au-dessus de mes forces ; et mériterait la plume de l'un des poètes célèbres de notre époque.

Voyons-le donc, déroulant avec calme et résignation, des instrumens poudreux qui l'ont toujours accompagné partout, et rendant enfin la parole à ces pauvres muets de circonstance, après vingt ans d'un silence rigoureux. Comme le cœur est charmé quand on voit ce vieux guerrier préluder gaîment au fragment musical qu'il va jouer ! Prenons garde, toutefois, qu'une pensée triste ne soit cachée sous cette illusion, car on nous verrait porter à nos yeux une main furtive pour détourner les pleurs qui viendraient mouiller notre paupière attendrie. Mais lui, qu'il est calme dans ses infortunes! qu'il est franc dans ses affections! qu'il sait répandre d'aménité dans les détails de la vie! Le ciel l'a doué d'un esprit perçant dont il remplit, sans le savoir, chacune de ses expressions. Il possède une justesse de raisonnement que l'on trouve rarement même chez les personnes qui ont beaucoup étudié. On est enchanté de sa conversation : on l'écoute religieusement narrer, et quand il a fini, on serait tenté de le faire recommencer encore. Sans étude, comme sans apprêt, il sème dans ses phrases des traits d'une hilarité charmante. Il est surtout bon ami, aimant à rendre des services, et n'oubliant pas ceux qu'on lui a rendus. Oh ! qu'il est éloquent dans sa reconnaissance !

Il y a quelques jours (on me pardonnera.

je pense , cette petite narration , d'autant mieux qu'elle vient à l'appui de ce que j'avance) ; il y a quelques jours , dis-je , il avait réuni chez lui plusieurs amis qui ne manquèrent pas de lui faire raconter un des épisodes si charmans de sa vie. Il choisit sa fuite en Belgique : le silence le plus religieux régnait dans son petit auditoire. Sa narration était si frappante de vérité, si pleine d'un charme inconnu qu'on se serait fait un crime de l'interrompre..... Tout à coup, il s'interrompit lui-même..... C'était un souvenir de l'hospitalité qu'il avait reçue si généreusement de nos frères de Belgique. Il se leva subitement, et s'écria d'une voix forte : « Oui, mes amis, si ja-
» mais un Belge se trouvait en danger, en ma
» présence , je lui ferais un rempart de mon
» corps, car eux, ils m'ont sauvé la vie. Leur
» or, leur argent, leur existence même, tout
» fut à moi; places, honneurs, dignités, ave-
» nir en un mot, voilà ce qu'ils ont risqué
» pour sauver le proscrit français avec lequel

» ils avaient suivi l'étendard aux nobles cou-
» leurs..... Oh! mes bons amis, je pleure
» comme un enfant, tenez, je pleure de sou-
» venir. »

Et ses larmes coulaient grosses et larges
comme des gouttes de pluie au moment d'un
orage, et son noble visage, toujours beau de
cicatrices, ne fut point défiguré par des con-
torsions hypocrites qui cachent si souvent un
mensonge sous des pleurs... Mon cœur se serra ; nous étions tous émus : c'était du bonheur que nous éprouvions sans rien dire. Ces
scènes-là ne peuvent se traduire dans aucune
langue ; elles ne sont comprises que de ceux
qui sont passés eux-mêmes au creuset du malheur, et des mortels privilégiés à qui le ciel,
dans sa munificence, a jeté au seuil de la vie
une âme pleine de sensibilité.

Vous parlerai-je ici de son désintéressement? Il me suffit, pour le faire connaître, de
dire qu'il a sacrifié à plusieurs fois différentes

une grande fortune, afin de sauver ceux qu'il aimait. Rien ne lui coûtait pour arriver à son but. C'est un malheur quand un homme de sa trempe rencontre des ingrats, mais il est beau d'en avoir fait.

Qui n'admirerait pas la belle indépendance de son caractère, et son amour inaltérable pour son pays?

Je ne vous parlerai point de sa bravoure; le lecteur sera à même d'en juger par tout le cours de cette histoire. Je ne veux pas pousser plus loin mon examen sur ce vieil ami, je craindrais de tomber dans l'afféterie, et il le sait, je ne suis pas flatteur : ma plume est aussi pure que l'épée qu'il a portée.

Quant au portrait que je mets sous les yeux du public, il m'a été tracé vingt fois par les diverses conversations de ses amis avant la date de notre liaison; ce que je puis affirmer, c'est qu'il est exact. Je regrette de ne pas pouvoir l'envisager sous toutes ses faces; je l'ai pré-

senté du moins sous celles que l'on est le plus
susceptible de rencontrer dans la suite de cet
ouvrage. Il me resterait pourtant encore à parler de sa franchise si pure, si belle, si noble ;
mais là principalement, je ne puis étendre ma
pensée; il me défend de parler. « Je n'ai men-
» ti que deux fois dans ma vie, m'a-t-il dit
» quelquefois, et j'ai sauvé deux têtes.» Hors
ce cas, il ne se rappelle pas d'avoir jamais en
rien altéré la vérité. Aussi les lecteurs peuvent
être bien convaincus d'avance que la plus sévère exactitude présidera à ses récits. Il les ap-
puiera de tous les titres qu'il a entre les mains,
que jai lus moi-même, et qu'il peut présenter
au besoin aux incrédules qui seraient tentés
de révoquer en doute sa véracité.

C'est à la prière de ses nombreux amis qu'il
a consenti à jeter sur le papier quelques réminiscences qu'il appelle insignifiantes, mais
qui, j'en suis certain, seront appréciées diffé-
remment par le public, et dont plusieurs

pourront fournir de précieux documens à l'histoire du midi, à l'époque des Cent jours.

Ainsi, pressé par toutes ses connaissances, il fit venir du Vivarais, de la Champagne, du Dauphiné et même de la Belgique, toutes les pièces dont il avait besoin, et qu'il avait semées sur sa route dans des jours de malheur. Quand il eut à peu près rassemblé toutes ses preuves, disposé tous ses matériaux, il lui manquait encore un exécutant littéraire ; c'était moins un auteur à renom qu'un ami dont il avait besoin pour cela. Mon nom s'offrit à lui. Si l'âge met quelquefois des distances entre deux hommes, les sentimens d'honneur les rapprochent : nous nous entendîmes. La proposition fut faite et acceptée avec une égale franchise.

Puisque ses souvenirs sont encore verts, me disais-je à moi-même, malgré ses soixante-trois ans de travaux et de peines, pourquoi ne le seconderais-je pas de tous mes efforts quand il se décide à transcrire les diverses phases de sa vie orageuse? Peut-être les événemens dont elle fourmille offriront-ils quelque intérêt au lecteur ; peut-être rafraîchiront-ils des souvenirs vieillis , mais dont la date ne s'usera jamais ; peut-être réveilleront-ils un sentiment d'admiration pour le héros dont le nom remplit la terre entière, et dont le pied gigantesque s'est arrêté sur un rocher maudit ; peut-être enfin , quelques-uns de ses vieux amis, soldats blanchis comme lui, pour ainsi dire sans le savoir, sous l'épée magique du maître du monde comme sous la baguette d'un magicien, ranimeront-ils un moment des sympathies endormies, au récit de nobles exploits auxquels ils ont pris eux-mêmes une part si active , et que la rouille des temps ne ternira jamais.

Voilà comment je me suis décidé à lui servir d'interprète. Sa narration sera naïve comme celle d'un vieux soldat , et moi , pour ne rien lui enlever de son charme, je le laisserai parler lui-même. Assez d'autres, m'a-t-il répété souvent, ont été inexacts dans leurs expressions, quelquefois même dans les faits; je désire que la plus grande vérité préside à cet ouvrage.

Ce mot fut pour moi comme un ordre sacré; j'aurais craint, en passant outre, de devenir sacrilége. Aussi, j'ai poussé son vœu jusqu'à de la religion. En effet, dans la crainte de ne pas rendre exactement sa pensée, j'ai souvent hésité, en son absence, à assaisonner tel ou tel mot de l'épithète que moi j'aurais cru nécessaire d'y ajouter. Je prie donc le lecteur d'être bien persuadé que, si la plume d'un ami vient à son aide, jamais une périphrase mensongère n'altérera l'austérité de son récit.

Ce n'est point une histoire que nous avons voulu faire; ce ne sont que de simples réminiscences classées par ordre chronologique. Mon travail, à moi, fut long, minutieux par les recherches, mais très-doux, puisque j'avais à faire ou plutôt à écrire d'après ses notes éparses la biographie d'un vieux soldat de l'empereur Napoléon, et que cet honorable ami ne voulut laisser peser sur moi aucune responsabilité, en me gorgeant, pour ainsi dire, de pièces authentiques que j'ai cru devoir placer moi-même, en partie du moins, aux divers endroits de ces mémoires où elles étaient convenables.

À lui donc tout le mérite des preuves ; à moi le travail littéraire et les recherches historiques ; à moi seulement un souvenir du lecteur pour l'avenir, si je puis poser le pied sur le seuil du temple presqu'inabordable de la littérature, et déposer, d'une main timide, mon offrande sur les degrés de son sanctuaire.

Son désir le plus sincère est de ne soulever aucune susceptibilité à l'époque où nous vivons. Aussi, laisserons-nous des lacunes qui rendraient cet ouvrage plus intéressant peut-être. Je respecte toujours des scrupules que pour cette fois je ne partage pas, et que j'ai même combattus plus d'une fois sans succès.

Ces souvenirs fourmillent de faits, et comme
son intention n'était point de faire des pages,
il s'est abstenu, dans beaucoup d'endroits, de
faire des réflexions qui n'eussent point été dé-
placées. Seulement, quand il toucha l'époque
de ses malheurs, la plaie se rouvrit, et il devint un peu plus minutieux dans les détails.
Emporté par le souvenir, m'a-t-il dit quelquefois, je crois y être encore; il faut retran-
cher ces faits, mon ami, ils seront peut-être
insignifians..... et moi, je copiais toujours, et
je n'ai rien retranché à ma copie.

Quelques réflexions que j'aie pu lui faire, il
n'a jamais voulu consentir à me laisser déve-
lopper plusieurs faits étrangers dont il a été
comme tant d'autres le témoin. On sait que ces
accessoires se changent en autant d'agrémens
sous une plume un peu exercée, et jettent
beaucoup de variété dans un ouvrage. Je connais plus d'un livre dont le principal mérite

est tiré de ces détails de goût qui, relevés par tous les ornemens du style, font oublier au lecteur qu'on l'a habilement transporté, à son insu, sur un territoire voisin. Loin de critiquer cette adresse, je la loue beaucoup, en avertissant pourtant le lecteur qu'il ne m'a pas été permis de l'employer, et que tous les faits mentionnés dans ces mémoires appartiennent à l'homme exclusivement. Il a lu tant de mensonges dans plusieurs ouvrages, qu'il est devenu peut-être un peu trop sévère pour lui-même dans l'intérêt de ses souvenirs... Tel fut son désir, j'ai cru devoir m'y conformer.

Sa carrière est noblement remplie; la mienne commence, mais la route est différente... Une plume ou une épée! qu'importe?..... pourvu que l'une soit noble, pure et énergique, et que l'autre, dépourvue d'or, de diamans, de pierreries, ne soit rougie que du sang des ennemis, et vierge du sang français.

Quant à moi, en suivant le chemin que la

nature m'a indiqué, j'ai ramassé au commencement de ma course la plume qu'elle a lancée à mes pieds dans des jours de largesse ou peut-être de colère ; avec son secours, j'ai déjà barbouillé quelques pages, et raturé bien des lignes, et aujourd'hui, je la consacre sérieusement aux souvenirs d'un honnête homme, d'un vertueux citoyen, d'un vieux guerrier couvert de cicatrices trop méconnues. Comme je raconte des événemens particuliers; je les écrirai sans timidité comme sans prétention; sans flegme comme sans enthousiasme. Pourtant, les matières que contient le premier volume, permettant un peu d'élocution, j'ai semé, autant que possible, de légers ornemens de style. Ce sont tous ses titres à la gloire qui se développent successivement, à mesure que les glorieuses campagnes de la république et de l'empire prennent leur ordre dans l'histoire.

Dans la narration des faits où il s'est trouvé, j'ai fait une analyse succincte des faits géné-

raux que tout le monde connaît, et dont j'ai
eu besoin pour ne pas isoler le détail des faits
particuliers qu'il a vus, où il a figuré lui-même, et dont il peut assurer l'exactitude, sans
crainte d'avoir un démenti.

Dans le second volume, c'est-à-dire à l'époque des Cent jours, sa reconnaissance pour
l'empereur brille dans tout son éclat : il quitte
ses occupations, sa femme et ses enfans; il
perd toute sa fortune pour combattre les ennemis de son bienfaiteur ; en un mot, il de-
vient un homme politique. Aussi, je n'ai pas
craint de mettre sous les yeux du lecteur toutes les lettres, tous les ordres qu'il a reçus de
ses supérieurs. Si le style y perd un peu de la
régularité, l'histoire y gagnera beaucoup en
clarté. D'ailleurs, la meilleure manière de con-
naitre les hommes politiques de tous les éta-
ges, c'est de peser leurs actions, et d'examiner scrupuleusement leurs écrits, et par dessus tout, le but qui les a dirigés en écrivant
ou en agissant. Enfin , quand le désastre de

Waterloo aura amené la chute terrible du grand homme, une série non interrompue de malheurs commencera pour le héros de ce livre; il sera poursuivi à outrance par la police de la restauration; puis forcé de se cacher, de se déguiser et de fuir.....

Je m'arrête..... je sens que j'irais trop loin. Heureux si j'ai pu donner au lecteur de ce premier chapitre l'envie de lire le suivant; plus heureux encore s'il arrive à la fin de cet ouvrage comme un voyageur, par une belle journée d'été, arrive sur le soir, au terme de sa course, sans s'être aperçu de la longueur du chemin, alors seulement je lui demanderai de nouveau un souvenir pour le jeune auteur.

CHAPITRE II.

Le succès fut toujours un enfant de l'audace.

CRÉBILLON.

Jeune soldat, où vas-tu ?
. . . .
Que tes armes soient bénies, jeune soldat !

DE LAMENNAIS

II

J'avais treize ans... c'était sous le règne du
roi Louis XVI, à l'époque où se préparait la
grande crise de 1789. Mon père m'avait donné
pour précepteur un récollet qui devait diriger
mon éducation première. On s'en rapportait
alors bien plus qu'aujourd'hui à ces messieurs

du soin d'insérer une à une toutes les idées de morale et d'instruction nécessaires à tout homme bien né. Mon père, comme tant d'autres, avait placé sa confiance dans un homme que son caractère religieux recommandait de lui-même. Est-ce toujours une preuve suffisante de moralité que ce caractère idéal et factice qu'imprime la religion à des hommes susceptibles de recevoir comme les autres hommes les impressions du crime et de la vertu? C'est une question que l'expérience générale a résolue négativement; et le fait que je vais rapporter vient encore confirmer cette opinion. J'aurais pu me dispenser de faire figurer ici cette incartade de jeunesse, commandée par une circonstance impie, mais comme elle a influé sur ma vie entière, en déterminant d'une manière positive la carrière que j'ai parcourue, je pense qu'on ne m'en saura pas mauvais gré.

Et d'abord, j'étais un écolier fort indocile,

on peut m'en croire sur parole ; aimant beaucoup à faire mes volontés, et rarement disposé
à faire celles des autres. Je possédais cependant assez de facilité pour apprendre promptement mes leçons , et autant de légèreté pour
les oublier aussitôt qu'elles étaient apprises et
récitées. Mon précepteur, de son côté, pouvait être un excellent maître; sur ce point, je
ne pus jamais m'établir juge; tout ce que je
sais d'alors , c'est que j'avais pour cet homme
une espèce d'aversion dictée sans doute par un
instinct naturel , et plus je paraissais le fuir ,
plus il semblait empressé auprès de moi.

Aujourd'hui, avec la connaissance des choses et des hommes, j'en puis parler plus ouvertement , en jetant toutefois sur ce récit la
gaze de l'aimable pudeur , afin de n'offenser
aucun regard délicat.

Mon saint homme d'ermite, car je reviens
à lui, renfermait au fond de son âme de ces désirs lascifs que le ciel et la terre réprouvent, et

ses yeux étaient continuellement baissés vers la terre. Certes, ce n'était pas la dévotion qui le faisait agir ainsi, c'était bien plutôt la crainte de laisser deviner dans son regard, quelques-unes de ces pensées criminelles qui fourmillaient au fond de ce cœur gangrené de jésuitisme et d'impureté.

Ce vœu fatal de chasteté, ce pieux contre-sens de la raison humaine avait mis un frein aux passions de cet homme, et sa brutalité en frissonnait de rage. Envain l'écriture sainte devait-elle lui rappeler le châtiment que la main de Dieu exerça sur les habitans de deux villes infâmes que connaissent toutes les âmes dévotes? Envain, un grand savant de l'église lui avait-il appris dans son livre que l'enfer est pavé de têtes sacerdotales pour avoir caressé ce vice abominable? Que lui importait à lui ces vérités saintes? il n'en avait pas moins son idée fixe; aussi descendait-il silencieusement la route impure et sacrilége qui conduit aux enfers.

Trop jeune encore pour comprendre tant de perversité dans un religieux, je me bornais à écouter ses leçons , quand je ne pouvais faire autrement, ou à le gratifier , lorsqu'il me tournait le dos, d'une des plus laides grimaces que je connusse alors. Plusieurs fois ses manières trop libres m'avaient rebuté ; je faisais d'assez drôles de réflexions en moi-même ; enfin , avec le temps , elles devinrent si bizarres, si étranges, si inconcevables, en un mot, que je résolus d'en parler à mon frère aîné qui vit d'un coup-d'œil probablement jusqu'où pourraient aller ces gestes indécens ; il me recommanda de ne rien lui cacher sur ce point.

Trois semaines environ s'étaient écoulées depuis que j'avais fait à mon frère cette confidence si importante pour moi, lorsqu'un jour je m'avisai de ne pas savoir du tout ma leçon. Alors, mon luxurieux jésuite, d'un air moitié colère et moitié doucereux, voulut me mettre culotte bas pour m'apprendre à mieux travail-

ler une autre fois ; et moi, de me sauver promptement auprès de mon aîné. Ce trait acheva
de le convaincre de la vérité de ce qu'il n'a-
vait fait encore que soupçonner. Prends, me
dit-il, une bonne paire de sabots bien pointus,
et s'il renouvelle une semblable attaque... Il
n'eut pas besoin de continuer, je le compris
parfaitement, et j'étais disposé le mieux du
monde à mettre à profit sa leçon.

J'arrivai donc le lendemain auprès du miel-
leux personnage qui m'attendait avec impatience. Il était irrité de ma résistance et de ma
fuite de la veille.

Ah ! vous voilà, monsieur, me dit-il, vous
allez aujourd'hui payer, avant tout, votre rébellion d'hier, afin que vous ne soyez pas tenté de recommencer une autre fois, et je verrai, par votre conduite future, si je dois écrire
à monsieur votre père ; et en disant cela, il
s'approchait doucement de moi qui m'éloi-
gnais doucement de lui. Son regard s'arrêta

sur le mien. Oh! comme je trouvai hideux ses yeux glauques et brillans!.. Mon cœur se serra... pourtant, je n'étais pas peureux à cet âge. Quand j'eus vu que le combat était inévitable, je m'y préparai de mon mieux.

La correction dont il s'agissait était d'autant moins de mon goût qu'il était question de la recevoir très près de la peau. Je méditais secrètement une vigoureuse résistance, et je lorgnais toujours la porte que j'avais laissée entr'ouverte comme un dernier moyen de salut. Je crus un instant que la retraite allait m'être coupée, car mon adversaire, pour arriver à moi qui tournais devant lui autour d'une table, avait posé sa main sur le loquet qui, heureusement, avait résisté à la pulsion, et la porte était restée entr'ouverte. Il se rendit enfin maître de ma personne. Je ne fis d'abord que peu d'efforts pour balancer les siens; seulement, quand il se fut emparé de ma culotte, nous luttâmes ensemble de vivacité. A mesure que les boutons se détachaient d'un côté, prompt comme l'éclair, je les rattachais de l'autre. Il s'acharna alors tellement contre moi que je vis bien qu'il était disposé à ne pas se dessaisir de ma culotte, qu'elle ne fût tout à fait sur mes talons, et je craignais beaucoup cette première victoire. Je me débattis donc de toutes mes forces, et comme ce mouvement était imprévu, il déconcerta un peu mon cerbère encapuchonné qui lâcha prise, et reçut en récompense un vigoureux coup de sabot si bien appliqué, qu'il fléchit le genou et y porta aussitôt la main, en s'écriant : le petit malheureux ! mais le petit malheureux, après s'être ainsi acquitté de sa mission, se garda bien d'attendre que le récollet fut revenu de la douce émotion qu'il lui avait causée.

Je me sauvai donc à toutes jambes, et après avoir traversé le jardin, j'escaladai le mur du potager, et je me trouvai dans la cour.

Là, j'avais pour ami un gros chien dogue

qui mangeait souvent la moitié de mon déjeûner, et qui, par cette raison, s'était lié inti-
mement avec moi. Ce jour-là, ce fut moi l'o-
bligé; il me fit une place à côté de lui, dans sa
petite maisonnette de bois, et je m'y casai le
mieux du monde. Jusqu'ici, tout allait assez
bien; mais le précepteur qui m'avait vu monter à l'assaut sur le mur du potager, prit amè-
rement le chemin du parc, pensant bien que
pour cette fois son gibier ne pouvait lui échapper. Effectivement, je me sentais pris comme
un rat dans un piége; toutes les issues m'é-
taient fermées, moins une, et c'était celle par
où mon capucin se dirigeait vers moi. A mesure que je le sentais s'approcher de ma ca-
chette, mon cœur battait plus fort. Je caressais toujours mon gros dogue, en lui parlant
bien bas, lorsque la pensée de le détacher vint
me séduire. Je ne pris pas la peine de réfléchir; je le détachai secrètement, en conser-
vant la chaîne dans ma main, jusqu'au moment où le danger fut imminent pour moi.

Dans cet instant de détresse, je criai de toutes mes forces : A moi ! Sultan ; défends-moi. Je n'eus pas besoin de le lui répéter deux fois ; il s'élança sur le moine qui ne s'attendait assurément pas à cette nouvelle attaque, et qui, dans le premier mouvement de stupeur, présenta son dos à l'ennemi. Mon fidèle Sultan s'éleva alors sur ses deux grandes pattes de derrière, et abattit celles de devant sur les épaules du maître, et le terrassa. Dans ce moment, je l'avoue, la frayeur s'empara de moi, je poussai un grand cri, car je croyais que Sultan allait le dévorer, et je ne voulais pas tirer une si cruelle vengeance. Heureusement, il n'en fut rien, et mon pédagogue en fut quitte pour avoir sa soutane déchirée en lambeaux.

Quant à moi, après cette nouvelle expédition, profitant du désordre de mon précepteur, je parcourus rapidement l'allée qu'il tenait, et je me sauvai chez ma marraine. Rester auprès de mon chaste récollet n'était pas chose fort prudente sous aucun rapport; j'avais tout à redouter de sa bienveillance; tout à redouter de sa colère; aller vers mon père, il n'eût pas manqué de me rendre, avec usure, la correction dont le moine n'avait pu me faire cadeau, à son grand dépit, j'imagine. Pour éviter ces deux écueils, je restai caché plusieurs jours chez ma bonne marraine qui m'aimait beaucoup, et avec laquelle mon frère eut un entretien particulier relativement à cette affaire. Elle eut le temps de prévenir mon père, et de détruire les mauvais propos du saint personnage, qui n'avait pas manqué d'envenimer sa plainte de tout le fiel qu'on connaît aux mauvais dévots. Ma marraine parvint cependant à balancer l'influence que cet homme dangereux avait conservée jusqu'à cette époque dans l'esprit de mon père.

Les jours s'écoulaient, et il fallait bientôt prendre une décision quelconque sur mon avenir. Un matin, mon père me manda dans son cabinet; je n'étais pas trop rassuré, mais il n'y avait plus à reculer; je me résignai. En entrant, je portai un œil furtif sur l'auteur de mes jours; sa tête était penchée, son front soucieux, son visage semblait tout chagrin, aussi son accueil fut-il de glace... il se taisait, j'avais le cœur à la torture... Tout à coup il éleva la voix, et d'un ton sévère : Puisque vous êtes un enfant indocile et incorrigible, vous serez soldat. Mon père avait à peine prononcé ces mots : vous serez soldat, que le cœur me battait d'une joie secrète. Etre soldat ! c'était le vœu que je formais depuis long-temps ; c'était mon rêve de tous les instans ; c'était, en un mot, mon illusion la plus chère ; ce désir se trahissait même dans mes yeux. Oh! si c'est là toute la punition que l'on m'inflige, me disais-je en moi-même, je me trouve heureux d'avoir commis ma faute. Je vous assure que je me serais bien gardé de chercher à m'absoudre aux yeux de mon père. Je lui déguisai pourtant mon émotion, dans la crainte qu'il ne changeât de résolution, et qu'il ne me remît encore une fois en des mains sacrées qui font quelquefois payer si cher le peu d'instruction qu'ils vendent à leurs élèves. Je m'empresse de dire ici, pour l'honneur de la société, qu'il y a un grand nombre de dignes exceptions à faire à ce hideux tableau dans la classe religieuse.

Mon père, en raison de sa qualité de major de musique du roi Louis XVI et des menus plaisirs de la reine, n'eut pas de peine à me faire entrer dans les élèves des gardes suisses, pour étudier la science musicale. Je n'étais pas très satisfait de cette décision; ce n'était point ainsi que j'avais interprêté ses dernières paroles. J'aurais mieux aimé être soldat tout court que soldat musicien. Enfin, je n'osai pas me plaindre de ma nouvelle position. Mon dégoût augmenta encore, lorsque je vis que la correction de la bastonnade était en vigueur parmi nous; j'étais véritablement tombé de Carybde en Scylla, pour me servir d'un proverbe familier. Je me disposai du mieux qu'il me fut possible à remplir tous mes devoirs, car je n'aurais pas aimé à connaître toute la douceur d'un châtiment qui me paraissait si étrange. Je laissai couler un peu de temps, et je demandai ensuite à passer aux élèves des gardes françaises, ce qui me fut accordé presque sans peine. J'étais au comble de mes vœux, et je vous avoue que je m'occupais fort peu de ce qui se passait ailleurs que dans ma caserne.

Cependant les événemens politiques se multipliaient, la philosophie moderne s'avançait à grands pas vers l'avenir, et la société humaine allait se régénérer dans des principes nouveaux, remonter à sa fondation, et établir ses véritables droits sur des droits usurpés. Mais laissons le peuple français s'agiter en tumulte, et secouer sur la tête de ses rois les chaînes qu'il en avait reçues.

C'était le jour que toute la multitude de Paris s'était rendue à Versailles pour engager le roi à rentrer dans sa capitale. J'avais alors quatorze ans ou environ ; l'agitation était à son comble ; les routes étaient encombrées de monde ; c'était un mémorable panorama que cette suite de citoyens, de militaires, de nobles et de roturiers qui sillonnaient dans tous les sens la voie publique de Paris et la route de Versailles.

Au milieu de ce conflit, un groupe s'était formé près des grilles du château de cette ville, et présentait le caractère d'un rassemblement assez nombreux qui paraissait s'agiter comme s'agite un champ de blé dont les épis, battus par des vents contraires, au moment d'un orage, courbent leurs têtes dans tous les sens. On entendait des clameurs s'élever du sein de ce groupe que les gardes-du-corps voulurent dissiper. C'était une forte tâche ; aussi employèrent-ils pour toute voie de conciliation la redoutable baïonnette dont l'aspect, loin d'adoucir l'exaspération, a le privilége, à toutes les'époques, d'exciter la fermentation dans les esprits. La multitude offensée n'a point peur des baïonnettes, elle criera toujours plus fort en présence de la mort; c'est ce qui arriva ce jour-là, et les gardes-du-corps éprouvant une résistance sérieuse, firent une décharge imprudente qui mit la fureur des citoyens à son comble. Ils s'en vengèrent en se précipitant sur leurs meurtriers, et en leur envoyant, par une représaille sacrée, la mort, que dans leur aveuglement, des soldats impies leur octroyaient si gratuitement. Plusieurs d'entre eux eurent la tête tranchée, et leurs cadavres furent déposés au pied de la caserne des gardes françaises où j'étais en ce moment funeste.

J'avais été de loin spectateur de cette scène de carnage qui venait enfin de se terminer, et j'étais encore tout ému, lorsque je vis passer un hussard d'Austrasie qui allait en ordonnance ; il fut tout à coup arrêté par une quinzaine d'individus qui avaient fait partie de la masse offensée, et dont la tête fermentait encore dans des idées de vengeance.

Elle devenait injuste alors.

Je contemplais dans l'anxiété ce qu'ils allaient faire de ce malheureux, lorsque je les vis tout à coup décrocher le réverbère, et faire entendre ce cri si célèbre dans l'histoire de la révolution : *A la lanterne ! à la lanterne !* et ils lui passèrent la corde au cou. Il allait mourir....., et moi je ne pus supporter cette vue sans frémir..... Un seul homme contre quinze !... A moi ! grenadiers, m'écriai-je de toutes mes forces ; et je courus l'épée à la main au milieu de ces exaltés ; je coupai la corde de la lanterne, et j'arrachai le hussard à une mort certaine, sans prendre garde que j'exposais moi-même ma tête.

Respecta-t-on ma jeunesse ou mon courage? c'est ce que j'ignore. Tout ce que je sais, c'est que personne ne songea à m'arrêter au milieu de cette action, et que je pus jouir ensuite librement du bonheur d'avoir, pour la première fois, sauvé la vie à un infortuné qui, en succombant sous le poids de la vengeance populaire, aurait payé la faute commise par des insensés.

Ce trait fut connu à l'assemblée des états-généraux. Monsieur le président me fit venir auprès de lui, et après m'avoir complimenté sur ce qu'il appelait un acte de courage et de générosité, il me fit asseoir à côté de lui, à sa table, honneur insigne qu'il accompagna, pendant tout le dîner, de discours pleins d'amabilité, et qu'il couronna par l'horoscope le plus flatteur qu'on puisse faire à un soldat de quatorze ans.

A cette époque, les gardes françaises étant

rentrées dans la capitale, furent formées en gardes nationales de la ville de Paris, et moi j'entrai au conservatoire de musique le premier septembre, 1789.

CHAPITRE III.

Partez, enfans d'Aaron, partez ;
Jamais plus illustre querelle
De vos aïeux n'arma le zèle :
Partez, enfans d'Aaron, partez.

Racine.

III.

Pendant que la monarchie se débattait dans l'agonie, que les événemens se croisaient dans tous les sens, que le château, l'assemblée nationale, l'armée, le peuple, le clergé, la noblesse étaient en présence, et que l'Europe, debout sur sa pique, tournait vers la France des regards inquiets, j'étudiais paisiblement dans la solitude cet art si charmant qui délasse les grands des fatigues du cabinet, fait oublier au pauvre, pour un instant du moins, son adversité, anime le courage sur les champs de bataille, et procure, à de pauvres bannis, le morceau de pain qu'ils ne sauraient mendier.

Déjà nos jeunes soldats, malgré nos revers, s'étaient couverts de gloire sur les frontières du Nord, et moi, je languissais dans le repos sans cesser pour cela de figurer sur les registres militaires.

Trois années s'étaient écoulées depuis mon entrée au conservatoire, et nous étions alors dans le mois de juillet, 1792. C'est dans ce mois que l'on entendit ce cri si nouveau, si énergique, si national de la France, que l'écho répéta bientôt dans toutes les provinces, et qui retentit à nos oreilles comme un glas funèbre : *Citoyens, la patrie est en danger !* A peine le président Aubert-Dubayet avait-il prononcé d'une voix religieuse et sonore cet appel patriotique, que toute la jeunesse se leva en masse, et courut s'inscrire en qualité de volontaire. Quant à moi, le 18 juillet, j'avais repris ma place dans les rangs du 104me régiment d'infanterie que l'on venait de former avec les débris de plusieurs régimens des gardes françaises et suisses.

Laissons donc s'écrouler lentement le trône de Louis XVI, et la république sortir triomphante des décombres, puis poser un pied vigoureux sur le sceptre qu'elle a brisé. Hâtons-nous de rejoindre l'armée, si pleine de vigueur, de noblesse et d'enthousiasme, l'armée qui marchait pour la patrie, et rien que pour la patrie; l'armée qui se rendait à Jemmapes, sous les ordres du général en chef, Dumouriez.

Comment peindre l'enthousiasme et les désirs de gloire qui fermentèrent dans ma tête pendant la nuit du 5 au 6 novembre? Mille projets de valeur occupèrent successivement mon imagination ardente; j'allais affronter les dangers, braver la mort, et devenir un héros sous les yeux de mes chefs. L'amour de la patrie et la religion de la liberté avaient séduit ma raison. C'était un beau rêve au milieu des ténèbres, puis vint l'aurore. Avec quelle impatience je l'avais attendue! C'était la première fois que j'allais assister à un drame sanglant et réel, je crus que c'était une fête. J'oubliai mon insomnie, comme la vierge imprudente oublie les fatigues d'une nuit passée à achever sa toilette du lendemain, quand elle entend résonner la corde aigüe du violon de son hameau.

Tout le monde sait les détails de cette mémorable bataille, et combien fut grande la valeur qu'en cette occurrence déployèrent les soldats français. Mon régiment, réuni à ceux de Penthièvre et de Navarre, se tenait au centre de la bataille, sous la conduite du duc de Chartres. J'étais entièrement étranger, comme on peut fort bien se l'imaginer, à toutes les conceptions du génic militaire , et je souffrais impatiemment des retards. J'aurais voulu marcher en avant, briser tous les obstacles que je ne connaissais pas.

Oh! c'était bien là l'illusion d'un jeune homme qui voit le feu de l'ennemi pour la première fois. Je ne fus point un héros à Jemmapes, et je n'en parle ici que comme d'une réminiscence de cette mémorable journée qui fut mon début militaire. L'ordre nous fut donné, par le duc de Chartres, d'enlever le bois de Jemmapes et la grande redoute. Mon inaction allait donc enfin cesser; cet ordre me rendit tout joyeux, aussi, je brûlai avec avidité cartouche sur cartouche contre les Hongrois et les dragons de la Tour. Dans le fort de la mêlée, le brave colonel du 104ᵉ se trouva enveloppé par les dragons ennemis qui le mirent en pièces. Nous nous précipitâmes sur eux, et nous parvînmes à l'arracher tout mutilé de leurs mains. Il respirait encore... ses doigts étaient coupés et pendans, tout son corps n'était qu'une blessure. « Mes bons amis, nous criait-il d'une voix défaillante, mais qui annonçait encore l'énergie de son âme, mes braves camarades, ne me laissez pas mourir sur le champ de bataille, et que mon cadavre ne devienne pas la proie de l'ennemi. » Cette scène déchirante me fit une impression bien vive ; c'était aussi la première de ce genre ; combien d'autres non moins funèbres ont frappé depuis mes regards. Enfin la victoire fut à nous après un combat sanglant. L'affaire étant ainsi terminée, nous poursuivîmes l'ennemi jusqu'au delà de Liége ; nous arrivâmes à Juliers où étaient nos avant-postes ; de là, nous battîmes en retraite sur Liége, Saint-Tron, Tirlemont, la Montagne de Fer, et nous reprîmes le camp de Maulde si fameux par la défection de Dumouriez, au 6 avril 1793, défection dans laquelle il entraîna Thouvenot et le duc de Chartres.

Nous reprîmes garnison à Bouchain, pendant le siége de Valenciennes qui capitula le 28 juillet avec les honneurs de la guerre, et où l'ennemi avait perdu plus de vingt mille hommes. Je quittai alors l'infanterie pour passer dans la cavalerie qui devait être mon élément militaire, et je partis pour le siége de Courtray.

Là, nous fîmes une forte reconnaissance commandée par le général Charbonnier. Une grande affaire s'engagea bientôt entre les hussards noirs hollandais, les cavaliers du prince d'Orange et les troupes françaises; mais les hussards noirs nous ayant tendu une embuscade, nous battîmes en retraite, après avoir découvert le piége.

A quelque distance de nous, j'aperçus un brigadier de nos hussards chargé par trois ou quatre ennemis; je résolus aussitôt de le dégager, et je poussai mon cheval au galop sous une rangée d'arbres que j'étais obligé de traverser pour aborder de son côté. Si je ne me

laissai pas pendre par ma chevelure, comme
autrefois le fils du roi David, je ne pus éviter
une autre catastrophe qui eut pour moi les
suites les plus fâcheuses. Je me frappai la figure contre une énorme branche, et le choc
fut si violent que j'allai tomber en arrière à
quelques pas de mon cheval qui courait toujours. Si je fus étourdi de ma chute, je le fus
encore davantage de me voir relever par deux
cavaliers hollandais et un hussard qui, sans
autre forme de procès, me déclarèrent leur
prisonnier. Malgré toute ma bonne volonté,
je ne pus refuser ces messieurs, car ils étaient
trois, et j'étais seul; ils étaient sains et saufs,
et moi, j'étais tellement moulu, fracassé de
ma chute, que j'avais bien de la peine à me
soutenir; pourtant, je ne sentais pas encore
tout mon mal. Je suivis donc mes ennemis en
dévorant secrètement ma rage, me promet-
tant bien, à la prochaine occasion et quand
j'aurais repris un peu mes forces, de présenter à ces messieurs mes salutations d'adieu.

Quel désenchantement ! quelle amère déception ! où étaient mes illusions de Jemmapes ? Tout s'était évanoui, je me trouvais prisonnier... Ce mot de prisonnier était bien dur
à mon oreille. On me conduisit dans le village
le plus proche, et l'on me fit entrer dans une
ferme. J'avais la tête tellement bouleversée et
le visage tellement endommagé que je ne pus
reconnaître d'abord le lieu où nous étions.

Cependant, il n'y avait pas huit jours que
j'étais passé dans cette même ferme, avec le
nommé Wandebrick, mon camarade d'es-
couade, en allant à la découverte. Je m'assis,
en entrant ; le sang ruisselait de ma figure, et
je retirai, autant que la douleur me le per-
mit, les petites écorces d'arbres qui étaient
entrées dans mes joues meurtries.

A travers ce désordre et la souffrance horrible que j'endurais, je fus reconnu par la
jeune personne de la maison, charmante en-

fant à la physionomie angélique, qui comptait à peine dix-sept printemps, et dont l'âme
devait être aussi pure que les eaux d'un ruisseau limpide. Elle jeta promptement une pincée de sel dans quelques gouttes d'eau, et me
présenta le vase, en fixant sur moi ses deux
grands yeux noirs humides de compassion.
En la reconnaissant, je sentis une joie inexprimable, et si je ne pus la remercier du soulagement qu'elle me procurait, je dus lui laisser lire dans mon regard tout ce qui se passait dans mon âme, et moi, je compris dans le
sien tout le plaisir qu'elle éprouvait à soulager
un Français. Je lavai mon visage que j'étanchai avec le linge de toile qu'elle m'offrit.

L'hiver commençait à s'enfuir à grands pas,
et cependant la température était très-froide
encore ces jours-là. Pendant que la jeune personne était occupée à allumer un bon feu, mes
ennemis s'approchèrent de moi, et s'emparèrent de ma ceinture qui contenait soixante du-

cats et quelques pièces de monnaie. Ils m'avaient d'abord dépouillé de mon sabre, comme c'est l'ordinaire, et ils allèrent le déposer dans un coin de la cheminée. Je ne le perdis pas de vue un seul instant. Je m'approchai du foyer pour réchauffer mes membres que le froid avait saisis. Pendant ce temps, le hussard et les cavaliers hollandais savouraient le schnaps à pleins verres. Pauvre jeune fille, comme elle souffrait de ma souffrance! elle remplit sans rien dire un vase de cette boisson si salutaire pour moi dans la circonstance, et me le présenta à l'insu de mes gardiens. Je le bus d'autant plus volontiers que la fièvre commençait à succéder au frisson, et que la soif me dévorait. Quand j'eus avalé cette liqueur bienfaisante, je sentis renaître un peu de forces et beaucoup d'espérance. Il n'en était pas de même de mes trois geôliers, l'excès qu'ils en firent produisit en eux un défaut de surveillance qui me porta de la joie au cœur. Mes yeux s'étaient attachés sur ceux de la jeune personne, et ne les quittaient pas ; je voyais bien qu'elle avait envie de me parler, mais la prudence le défendait ; elle fut ouvrir sans affectation une porte qui donnait sur la campagne, et un signe furtif me fit comprendre que je pourrais me sauver de ce côté. Me sauver ! c'était mon unique pensée ; mais j'étais désarmé, et les forces que j'avais reprises étaient-elles suffisantes pour faire une longue course, en supposant que je puisse m'échapper des mains de mes ennemis ? Pendant ces réflexions, j'avais tourné machinalement ma vue sur mon sabre ; mais si j'avais fait le moindre mouvement pour m'en emparer, je courais les plus grands dangers de perdre la vie.

J'en étais là de ma méditation lorsque je me sentis frapper sur l'épaule ; je vis, en même temps, une jolie main blanche avancer un second verre de la liqueur que buvaient mes ennemis, et qu'ils n'auraient pas manqué de me refuser, si je m'étais adressé à eux pour en obtenir. J'avalai lestement ce nectar délicieux, et je sentis renaître tout mon courage. Le moment me semblait propice pour mettre mon dessein à exécution : je feignis d'avoir plus froid que je n'avais réellement ; je me levai doucement de dessus ma chaise, et je m'approchai insensiblement et à reculons de la cheminée ; et, tandis que mon trio multipliait les rasades et ne s'apercevait nullement de mon déplacement, je saisis mon sabre, le plaçai derrière mon dos et m'approchai près d'eux sans qu'ils eussent songé à observer un seul de mes mouvemens. Recueillant alors tout ce que m'avaient rendu de force plus d'une heure de repos et les soins empressés de la jeune fille de la maison, je m'élançai sur eux plein de courage et de désir de liberté, je leur distribuai à la hâte quelques coups de sabre, et je saisis avec toute la vitesse possible la route que m'avait ouverte mon ange libérateur. Je ne pris pas le temps de remercier la vierge à qui je devais ma délivrance : elle avait disparu après s'être assurée que j'avais bien compris sa pensée, et moi je gagnai la plaine à toutes jambes sans tourner la tête derrière moi. Au bout de plusieurs minutes de course, je m'arrêtai pour respirer un peu derrière un buisson. Je ne savais trop au juste de quel côté diriger mes pas : je pouvais retomber dans un parti ennemi, et je ne m'en souciais guère. J'entendis enfin dans le lointain des cris que je reconnus. Je frémis de plaisir, et je prêtai une oreille attentive. Le bruit s'approcha. Je pus bientôt distinguer ces mots : en avant ! C'est le sixième dragon avec le général Charbonnier.

Je fus charmé de cette découverte, et je m'avançai aussitôt sur la route ; j'aperçus au même instant un hussard français qui conduisait trois chevaux ; je lui fis signe de s'arrêter et il s'arrêta ; jugez de ma surprise quand je reconnus mon cheval parmi eux. C'était vraiment une journée d'aventures singulières.

Le temps et le lieu n'étaient pas favorables pour lui demander comment il était tombé en sa possession ; je repris ma monture, et rejoignis prudemment le quartier-général en comblant de bénédictions tacites l'ange de la ferme.

Les généraux Charbonnier et Souabe se plûrent à me faire raconter l'emploi de ma journée, et me félicitèrent bien sincèrement d'avoir échappé à la griffe de mes ennemis.

CHAPITRE IV.

Je livrerai ce peuple, à la mort, au carnage :
Le fer moissonnera, comme l'herbe sauvage,
            Ses bataillons entiers.
— Seigneur ! épargnez-nous ! Seigneur ! — Non, point de trève,
Et je ferai sur lui ruisseler de mon glaive
            Le sang de ses guerriers !

Lamartine.

IV.

J'étais resté plusieurs années dans le Nord
à préluder, pour ainsi dire, à ma carrière militaire qui ne s'ouvrit sérieusement qu'en l'an
six, époque où je passai en qualité de trompette dans les guides du général Bonaparte,
en Italie. Ce fut alors que commença ma con

naissance avec l'empereur, et que naquirent
en moi ces sentimens d'admiration et d'attachement que j'ai eus pour lui pendant sa vie, et
qui après sa mort enveloppent encore de presti-
ges le souvenir de l'homme aux grandes choses.
Quant à lui, il s'était rendu familier avec mon
nom, ce qui ne l'eût pas empêché de rappeler à l'ordre son trompette s'il se fût écarté de
son devoir. Mais sa familiarité avec le soldat
était pleine de dignité, et le soldat, fier de
causer librement avec lui, en était peut-être
devenu par cela même plus circonspect.

D'Italie, j'étais rentré en France pour prendre garnison à Rouen où nous reçumes l'ordre
de partir pour Toulon, et de nous embarquer
pour l'expédition d'Egypte.

Bonaparte avait dit : « Les grandes réputa-
tions ne se font qu'en Orient; l'Europe est
trop petite. » Il voulut accomplir le sens de ses
paroles, et à sa destinée, unir celle de ses bra-

ves compagnons qui ne devaient plus se séparer de lui. Tout le monde connaît l'admirable allocution qu'il fit à ses troupes, et la manière insinuante dont il électrisa et ses officiers et ses soldats.

Enfin brilla l'aurore du 19 mai.

Le ciel était pur, les vents favorables, la mer propice et nos vaisseaux équipés. Les voiles s'enflèrent, et le soleil éclaira notre départ. La traversée fut heureuse. Le 6 juin, nous nous arrêtâmes en vue de l'île de Malte ; on fit débarquer une compagnie de guides à cheval et une division de l'armée. Nous poussâmes les Maltais avec vigueur. Le 13 juin le général en chef entra dans la ville, et huit jours après nous voguions vers Alexandrie qui tomba bientôt au pouvoir des Français. De là, nous nous avançâmes vers les immortelles pyramides qui apprirent de Bonaparte de belles, de sublimes paroles qu'elles ont retenues pour les redire à tous les siècles futurs : « Soldats, songez que du haut de ces monumens, quarante siècles vous contemplent. » On sait que le résultat de la bataille des Pyramides fut une éclatante victoire après laquelle nous prîmes la route du Caire où nous entrâmes le lendemain. De là, nous poussâmes les Mamelucks jusqu'à Belbeis et Salahieh, où nous prîmes la grande caravane que venaient de piller les Arabes qui devaient la protéger. Les Arabes, dans ces contrées, sont partagés en plusieurs sections : celle des Arabes proprement dits, et celle des Arabes-Bédouins. Les premiers sont classés par tribus qui se font souvent la guerre entre elles ; les seconds, qu'en termes militaires nous appelions écumeurs des déserts, ont une vie nomade, et peuvent être appelés voleurs par excellence. Nous en avons eu des preuves assez convaincantes dans tout le cours de cette campagne ; mais il faut avouer que plus d'un Français se métamorphosait quelquefois en Arabe, dans l'occasion, et l'occasion, à l'époque dont je parle, s'offrait malheureusement

trop souvent d'elle-même. On comprend facilement que je ne veux parler ici que des privations que nous endurions dans le désert et
qui nous forçaient à profiter des bonnes au-
baines qui se présentaient. Un jour (ce fut
moi le héros de la fête; aussi, dans cette con-
fession de circonstance, je serai franc comme
Jean-Jacques dans ses naïfs aveux) , un jour,
dis-je, je me trouvai de piquet chez le général en chef Bonaparte. La faim et la soif s'é-
taient emparé de moi ; mais le moyen de
satisfaire ces deux impérieux besoins, je ne le
connaissais pas. Du reste, j'endurais ce qu'en-
duraient mes compagnons d'infortune; je n'a-
vais pas droit de me plaindre plus qu'eux
Près du fort de Salahieh s'était établi notre
bivouac; il se prolongeait jusque sous les dattiers qui formaient en cet endroit une petite
forêt dont l'ombrage enchanteur aurait fait
une distraction momentanée à des maux réels,
si une distraction était possible en pareille
circonstance. Le soir était arrivé , et on aper-

cevait de temps en temps des ombres qui passaient rapidement et se dessinaient le long des tentes comme de hideux fantômes : c'étaient des Arabes qui erraient autour de notre bivouac, cherchant à exercer leur adresse à nos dépens, ce qui était fort difficile, quant aux provisions de comestibles, surtout à cette époque de disette générale dans l'armée française. Le jeu muet de ces acteurs nocturnes réveilla en moi, je l'avoue, des idées sympathiques que mon estomac ne désapprouvait pas. Quelles combinaisons former? Je ne voyais rien, absolument rien à manger, et je n'en étais pas de meilleure humeur pour cela. Il y avait à peine une heure que la nuit était tout à fait close, lorsque je vis passer un superbe pâté capable de donner envie même à celui qui n'eût pas eu faim; il était accompagné d'une grosse bouteille de grès que je jugeai pleine d'un vin délicieux. Je sortis de la rêverie où je m'étais volontairement plongé, et j'ouvris de grands yeux que je dirigeai sur les traces du

butin qui me faisait une belle envie. On plaça
la bouteille dans un grand panier à dos de mu-
let, et le pâté ne tarda pas à s'y trouver lui-
même prisonnier. A qui pouvaient appartenir
ces bonnes choses? Je l'ignorais, et ne voulus
pas long-temps me perdre en conjectures. Avec
les dispositions que l'on me connaît déjà, on
doit bien penser que je ne fus pas long à prendre une décision : je fis part de ma découverte
et de mon projet à deux guides qui se firent
fort de partager les dangers de l'expédition
pour partager aussi les fruits de la victoire.
Nous attendîmes patiemment que les esclaves
et les domestiques fussent bien endormis. La
chose devenait alors très facile, car leur som-
meil était profond. Il était environ une heure
du matin. Tout reposait dans le bivouac ; nous
seuls ne dormions pas ; mes deux camarades
montèrent la garde, et me dirent en riant :
puisque nous veillons si bien sur eux, il est
juste qu'ils nous traitent une fois en grands
seigneurs. Je m'aventurai donc au milieu des

dormeurs, et je parvins, sans aucun accident, au but désiré. Un des esclaves qui s'était étendu le long des paniers et des autres bagages me gêna beaucoup; je passai lentement par-dessus lui, et je pris la position la plus commode que je pus trouver. Oh! quel fut mon désappointement! le panier était ficelé dans tous les sens et solidement fermé avec un cadenas.... Que faire? Les obstacles, comme il arrive toujours, excitèrent un désir plus grand encore; je résolus, à quelque prix que ce fut, d'accomplir mon œuvre commencée, et au risque d'être découvert, je coupai avec mon sabre l'anse du panier sans que le bruit réveillât personne. Me voilà donc possesseur du divin pâté et de la fine bouteille! Je refermai doucement le panier, et je songeai à me retirer en prenant les mêmes précautions qu'en allant. J'eus le bonheur de rejoindre mes camarades sans qu'aucun accident ne vînt troubler mes opérations. Nous nous enfonçâmes de suite sous les dattiers, et dans le plus épais de cette petite forêt nous tînmes conseil pour savoir si nous inviterions plusieurs de nos camarades qui se trouvaient de service, et avec eux monsieur M***, l'officier qui les commandait. Ils ont faim comme nous, dis-je à mes amis; comme nous, ils se tairont. Des hommes comme ceux-là ne vendent jamais leurs frères. Je ne me trompai pas. J'allai donc trouver notre officier, et le tirant à l'écart :

— Voulez-vous faire un bon repas, lui dis-je?

— Oui pardieu, coûte qui coûte.

— En ce cas, suivez-moi, si vous êtes un homme d'honneur.

Je ne sais pas quelle réflexion il dut faire, en voyant l'air de mystère que je pris dans cette circonstance. Je fis signe à trois autres camarades qui nous suivirent, et le repas commença :

— Où diable avez-vous fait cette capture,
me dit l'officier à la fin du banquet?

— Silence! Je ne connais pas encore le pro-
priétaire de ces objets; mais ne perdons pas
notre temps à de vaines paroles... Aussitôt,
nous nous mîmes à creuser un trou assez profond au pied d'un palmier, et nous y enterrâ-
mes la pauvre veuve; puis chacun se retira à
son poste, en donnant des bénédictions à
l'heureuse idée que j'avais eue. De leur côté,
les Arabes ne s'étaient pas reposés pendant que
nous jouissions des délices de notre succulent
butin. Ils étaient venus circuler autour du
grand bivouac, et avaient escamoté plusieurs
porte-manteaux qui servaient d'oreillers aux
guides, et qu'ils avaient remplacés par un
amas de sable. Le jour commençait à paraître; je me rendis à la tente du général en chef,
et me couchai non loin de lui, en attendant ses
ordres pour sonner à cheval. Je venais de
m'endormir, lorsque le chef d'état-major Ber-

thier entra furieux, et me réveilla par ces paroles : Ah ! général, je suis volé ; mais volé bien
hardiment.

— Comment donc ! s'écria Bonaparte.

— Le déjeûner que je voulais vous offrir ce
matin...

— Vous a été soufflé, répartit en riant le
général en chef.

— Et cela à la barbe de douze de mes gardiens ; c'est vraiment d'une effronterie...

Le chef d'état-major était désolé, Napoléon
riait sous cape, et moi je compris que je n'a-
vais rien de mieux à faire qu'à dormir ou plutôt à écouter les yeux fermés la fin de la conversation. Je commençai à craindre le dénouement de cette affaire, lorsque j'entendis
dire au major que ce pourraient bien être des

6

guides qui auraient fait ce coup de hardiesse.
Je me levai au moment où ils sortaient tous
les deux de la tente, pensant bien que la plainte
du major était terminée, mais comme je me
trouvais à côté de Napoléon, il me prit par le
menton et me dit :

— Ne serait-ce pas toi, farceur, qui aurais
pris d'assaut le pâté du major Berthier ?

Je ne savais plus, à cette apostrophe, quelle
contenance tenir, et j'avoue que je ne m'attendais pas à une question aussi pressante. Je
m'efforçai de sourire ; mais je dus faire une
épouvantable grimace qui me donna le temps
de me remettre un peu d'aplomb.

— Mon général, entendez-vous mes entrailles qui battent le rappel ; certes, si mon
estomac était garni d'un morceau de cette pièce
de résistance, les Arabes n'auraient peut-être
pas volé les porte-manteaux de mes camarades :

ce sonteux plutôt qui auront jugé à propos de se bien traiter aux dépens...

— Allons ! tais-toi, me cria le major, tais-toi !

Je vous le répète, général, ce ne peut être que vos guides qui m'ont joué ce tour-là, et si je venais à les découvrir, je les ferais chasser comme de vrais brigands...

— Allons, allons, Berthier, lui dit doucement Napoléon, admettons que ce soient mes guides ; la circonstance n'autoriserait-elle pas une excuse ; et d'ailleurs, c'est une preuve qu'ils nous gardaient bien ; car si un seul de vos gens avait fait faction, on aurait pris les délinquans. Passons là-dessus ; nous trouverons autre chose pour déjeûner.

Le major ne répliqua pas ; je lui en sus gré ; car pour peu qu'il eût ajouté un mot, je crois qu'il eût parlé de nous faire pendre, tant il était en colère; et moi, qui ne jugeais pas le cas pendable, je fus très satisfait quand je vis Napoléon se tourner vers moi, et me dire: Sonne à cheval pour le départ.

La disparition du pâté du major-général Berthier fut mise à l'ordre du jour par les plaisans qui se contaient le trait à mi-voix sans en connaître l'auteur. Quant à moi je fis quelques réflexions un peu tardives sur les désagrémens que pouvait m'attirer une escapade de jeune homme qui avait son excuse dans le manque de nourriture qui fit murmurer l'armée de Napoléon dans les déserts, comme autrefois les Hébreux sous la conduite de Moïse. Quoi qu'il en soit, je devins plus circonspect. Nous nous mîmes en marche le 14 août pour revenir au Caire. Pendant le trajet, nous apprîmes le combat désastreux d'Aboukir : l'armée en fut affectée; mais Bonaparte avait le talent de frapper de nullité toutes les impressions désavantageuses. —

« Nous n'avons plus de vaisseaux, nous dit-il;
eh bien! il faut rester dans ces contrées, ou
en sortir grands comme les anciens. »

Laissons-lui donc effectivement le temps de
grandir au milieu de ses œuvres inimitables
d'administration générale dans la capitale de
l'Egypte, et sautons d'un bond jusqu'à l'expédition de Syrie où je me trouvai toujours
avec lui.

Nous étions partis du Caire pour l'isthme de
Suez, et à la descente de la marée de la mer
Rouge, nous allâmes à la fontaine de Moïse
dissiper quelques Arabes; à notre retour, la
marée nous poursuivit à tel point que nous
sentîmes, non sans inquiétude, l'impossibilité
de l'éviter. Déjà elle baignait les pieds de nos
chevaux, et la mer Rouge, comme au temps
de Pharaon, allait engloutir des soldats dans
son sein. Heureusement, le résultat ne fut
pas le même que celui de l'écriture sainte,

Lorsque nous sentîmes que les flots montaient et qu'ils atteindraient bientôt les flancs de nos chevaux, nous nous mîmes à la nage pour gagner la baie. En me retournant au milieu des flots, j'aperçus le général Cafarelli, commandant du génie, démonté par son cheval et sur le point de périr. Je me dirigeai promptement vers lui; sa jambe de bois faillit lui devenir bien nuisible dans cette circonstance en paralysant ses mouvemens. Je plongeai trois fois... Un maréchal-des-logis nommé Charbonnier vint à mon secours, et nous eûmes le bonheur de le ramener jusqu'au bord où l'on nous tendit de grandes perches et des cordages qui nous aidèrent à escalader la berge fort haute en cet endroit. Ce brave général, que nous ne sauvions des flots de la mer que pour le voir périr à St-Jean d'Acre, nous embrassa avec effusion de cœur, marque non équivoque de sa reconnaissance, loua beaucoup mon courage, et me promit de se souvenir qu'il me devait la vie.

Bonaparte, à qui rien de ce qui porte le cachet de la grandeur n'était indifférent, voulut examiner le plan du canal des Pharaons qui devait réunir la mer Rouge à la Méditerranée. Son état-major et une compagnie de piquet le suivirent dans cette recherche ; je fus aussi de la partie. Il lui prit tout à coup fantaisie de s'aventurer au galop, et la vitesse de son cheval le servit si bien, qu'en un clin-d'œil le détachement et l'état-major l'eurent bientôt perdu de vue au milieu du désert. Il n'eut pour compagnon de voyage dans sa course précipitée que deux hommes : un fourrier des guides appelé Henri, et moi. Nous avions parcouru un assez long espace de chemin sans savoir jusqu'où il irait ainsi, quand enfin il ralentit un peu le galop de son cheval, et retourna pour la première fois la tête derrière lui. Il s'aperçut bien que son escorte était diminuée ; mais il n'en dit rien, et se remit au petit trot. Le jour commençait à baisser ; il poursuivait toujours sa course sans songer au retour ; il méditait à loisir... Dieu seul connaît ses pensées d'alors. Mais qu'il était beau ! Quel ravissement, quel délire que d'avoir vu Bonaparte au sein de la plus parfaite solitude rejeter ainsi vers le ciel quelques-unes de ces pensées qui lui venaient du ciel !... Qu'il était grand ! qu'il était admirable dans ses extases !.. Sa main avait laissé tomber négligemment les rênes sur le cou de son cheval, et ses deux bras s'étaient croisés sur sa poitrine. Le crépuscule de son demi-jour éclairait encore cette délicieuse et poétique inspiration. Mon compagnon et moi nous marchions derrière lui avec une espèce de religion, le silence le plus profond régnait autour de nous, et à l'exemple du grand homme, je crois que nous avions fini par penser... Au déclin du jour, nous fûmes tous les trois tirés de notre rêverie par un bruit peu éloigné ; je levai la tête ; j'aperçus quelque chose, mais je ne pus distinguer ce que c'était. Nous armâmes nos pistolets, nous mîmes le sabre à la main, et je me portai en avant. Je reconnus trois Arabes à cheval et deux autres montés sur un dromadaire. Je demandai au général s'il fallait les arrêter : « Non, me cria-t-il d'une voix forte, laisse-les passer. »

Son rêve était fini ; il s'approcha de nous. Comme j'avais le caractère assez jovial, il m'avait antérieurement, et je ne sais pour quelle espièglerie, surnommé Bamboche, et dans sa bouche, c'était un terme d'amitié. Aussi, j'aimais à m'entendre nommer ainsi par mon général. On me pardonnera je pense cette singulière vanité, attendu que je n'ai jamais souffert ce surnom que de la bouche de Napoléon et de celle du prince Eugène.

— Bamboche, me dit alors Bonaparte, j'ai bien faim.

— Possible, mon général, mais le bon

Dieu ne laisse plus tomber la manne comme autrefois dans les déserts d'Egypte.

— Farceur, ce n'est pas de l'écriture sainte que je te demande ; laisse cette nourriture-là aux âmes dévotes et donne-moi, si c'est possible, quelque chose de plus positif, de plus restaurant.

— En ce cas, mon général, à la guerre comme à la guerre. Henri, mets la table , moi je découpe le rôti.

Bonaparte se mit à rire quand il me vit tirer de mon sac un morceau de jarret de bourrique que mes camarades m'avaient donné en partant de l'isthme de Suez, et le découper comme une volaille délicate.

— Gourmand, dit vivement Bonaparte qui mordait à belles dents la chair grossière que je lui avais présentée, gourmand, tu m'offres de la viande sans pain !

— Pardon, mon général, j'ai du pain dans mon sac, et je lui présentai quelques paniosques (biscuits des Arabes). Il les accepta volontiers, et les dévora avec un appétit qui faisait plaisir à voir.

— Ma faim s'apaise, nous dit-il après quelques minutes, mais ma soif s'augmente.

J'avais de l'eau dans une peau de bouc pour mon cheval et pour moi; je lui en présentai. Il en but peu.

— Bouache! bouache! b.... qu'elle est chaude et que c'est mauvais !... (Je conserve religieusement ses propres expressions.)

— Ça ne vaut pas une bouteille de notre champagne, mon général, mais je puis vous en dédommager, et je lui offris une goutte d'aragui, eau-de-vie faite avec des dattes et des oignons du pays.

Il fut content pour cette fois.

Tout ceci se passait en cheminant à cheval. Notre repas frugal étant terminé (car nous avions aussi mangé) il donna l'ordre au fourrier Henri de marcher sur la gauche pour tâcher de découvrir quelques-uns des nôtres... Alors je le suivis seul.

Napoléon paraissait plus préoccupé qu'avant; la nuit était tout à fait obscure. Il est temps, me dit-il, de songer à ma suite; je l'avais totalement oubliée.

— Si ma monture et celle du fourrier n'eussent pas été bonnes, mon général, vous vous trouveriez seul dans ce désert.

— Napoléon, reprit-il vivement, n'a jamais été et ne pourra jamais être seul une minute.

Je compris que j'avais dit une gaucherie, et

je réfléchis sur les dernières paroles de mon général. Que je les trouvai profondes ! Que je regrettai alors de n'avoir pas reçu une brillante éducation ! Oh ! si Duroc ou Caulaincour avaient été à ma place, ils auraient eu avec lui un de ces entretiens délicieux qui ne s'effacent jamais de la mémoire, que l'on raconte à ses enfans l'hiver au coin du feu, et que le public accueille aujourd'hui avec une sorte de vénération.

Nous nous taisions...

Tout à coup il tourna ses regards vers la gauche, et d'un ton presque prophétique, il me dit : « Voilà notre route ; nous trouverons, ajouta-t-il, notre petite armée, qui doit être maintenant à telle ou telle hauteur. » Une demi-heure après, il m'ordonna de sonner la marche française et le ralliement. Après avoir marché encore environ une demi-heure, nous aperçumes des fallots de distance en distance pour nous indiquer la route. Ces fallots avaient été placés par son état-major qui était dans la plus grande inquiétude sur la disparution du général en chef. Il m'ordonna de marcher au plus vîte du côté où nous apercevions de la lumière, et de sonner de nouveau la marche et le ralliement. Nous fûmes entendus ; deux pelotons des guides s'avancèrent vers nous ayant à leur tête le chef d'état-major Berthier et le chef de brigade Bessière, commandant des guides.

La joie éclata sur tous les visages ; on s'embrassa comme des amis qui ne se sont pas vus depuis un an.

Cette promenade délicieuse que j'ai faite avec Napoléon dans les déserts d'Egypte, a toujours eu pour moi quelque chose d'indicible, je dirai presque d'idéal ; aujourd'hui encore, elle me rappelle un des plus beaux souvenirs de ma vie.

Nous revînmes au Caire, et dans notre route nous fîmes quelques découvertes; puis nous arrêtâmes la correspondance de Lameck. Une affaire s'étant engagée, je soutins la charge à la tête du peloton avec le chef d'escadron Lambert; mais je me trouvai bientôt enveloppé d'ennemis. Je brûlai la cervelle à mon vis-à-vis, je sabrai mes voisins de côté, et je fus assez heureux pour me délivrer de leurs mains, je ne dis pas sain et sauf, car j'avais reçu deux coups de sabre et un coup de lance. Malgré cela, nous avions saisi 90,000 lettres sur des chameaux chargés de porter la correspondance d'un lieu à un autre dans ces contrées désertes. Ces lettres venaient de Lameck, de la Circassie et du pays des Démaugrabins. Tous ces peuples s'engageaient à venir au secours des habitans du Caire pour exterminer l'armée française.

En partant du Caire, nous traversâmes le désert du lac des pélerins, après avoir chassé devant nous des Mamelucks et des Arabes. Nous avions fait cinquante lieues dans le désert. Tout ce que nous avions de vivres était épuisé, la faim se faisait cruellement sentir aux soldats, et bientôt nous fûmes obligés d'abattre des palmiers et des dattiers pour nous nourrir du cœur de ces arbres dont le goût ressemble assez à celui de notre noisette. El-arich venait d'être enlevée à la baïonnette, lorsque le 18 février une des tours du château où s'étaient barricadés les Turcs, céda enfin au canon de Bonaparte. Quelques jours après, l'aspect riant et pittoresque des montagnes de la Syrie vint récréer les yeux fatigués de la monotonie des déserts, et l'antique Gaza ne tarda pas à faire sa soumission au vainqueur de l'Orient. Le 29 février, nous partîmes pour Jaffa, et nous prîmes d'assaut la petite ville de Ramleh, située à trois lieues de là.

Il y avait parmi les canonniers des guides un homme célèbre par sa force extraordinaire.

Il se nommait Moustache. Souvent , pour égayer ses camarades, il faisait quelques exer cices athlétiques que n'auraient pas dédaigné ces hommes musculeux à qui l'on a donné le nom allégorique d'Hercule. Je l'ai vu, dans l'une de ses plaisanteries accoutumées, saisir une pièce de canon de quatre en guise de fu- sil, et se mettre en faction avec cette légère armure.

Ce jour-là, nous quittâmes ensemble le bi- vouac des guides, et nous nous dirigeâmes sur Ramleh ; nous y entrâmes aussitôt que la troupe et nous fûmes assez heureux pour trouver une dame-jeanne remplie de vin de Chypre, et une poignée de hêches . espèce de pâte cuite au soleil, et qui ressemble assez à nos crèpes de carnaval : pour des gens affamés, c'était une bonne fortune. Nous sortîmes gaîment de la ville pour retourner au bivouac faire jouir nos frères d'armes du bonheur de notre trouvaille. A peine avions-nous fait quelques pas, que

nous rencontrâmes le chef d'escadron Barthélemy accompagné du fournisseur en chef des
vivres. Ils allaient à Ramleh.

Le chef d'escadron nous aborda avec un air
sévère :

— Pillards ! nous dit-il d'un ton de voix qui
annonçait la colère.

Ce terme injurieux de pillards sonna bien
mal à mon oreille.

— Où avez-vous fait cette capture? je veux
le savoir.

Dans ces temps, le soldat n'était point habi-
tué à s'entendre apostropher ainsi, et je l'a-
voue, la sortie du chef d'escadron me blessa
vivement; je lui répondis sur le ton de la demande; bref, nous échangeâmes plusieurs
expressions peu polies au milieu desquelles je
reçus un ordre formel d'abandonner ma da-

me-jeanne. Moustache se tut, mais il ne lâcha pas prise, et moi je refusai ouvertement d'obéir. Alors, le chef d'escadron tira son sabre hors du fourreau, et voulut employer la force brutale pour obtenir de moi ce que j'avais refusé à ses invectives. Cet acte intempestif et arbitraire me mit hors de moi.

— Commandant, lui dis-je, ventre affamé n'a pas d'oreilles. En dégaînant contre nous, vous nous forcez à nous défendre; eh bien! si vous la voulez maintenant, il faut la conquérir à la pointe de l'épée.

En finissant ces mots, je déposai, au milieu de nous, la grosse bouteille recouverte d'osier et je tirai promptement mon sabre hors du fourreau.

Le commandant, devenu furieux par ma résistance, me dit avec menace : Je te retrouverai.

Il rengaîna son sabre et continua sa route. De notre côté, nous arrivâmes au bivouac, et nous distribuâmes à tous nos braves compagnons des libations moins copieuses que nous ne l'aurions désiré, mais qui n'en firent pas moins un grand plaisir. La dame-jeanne fut épuisée avant que la colère de mon chef d'escadron ne fût apaisée. Il était revenu de la ville; il s'approcha de moi et m'ordonna de le suivre à la garde du camp.

A la garde du camp en face de l'ennemi!

Je refusai pour la seconde fois de lui obéir, et je passai la nuit au bivouac. Je fis de pénibles réflexions sur les suites qu'allait avoir ma querelle avec un supérieur, et véritablement, si je n'eus pas été si pensif, je n'aurais pu m'empêcher de rire lorsque le capitaine Hercoul, à la pointe du jour, vint pour monter à cheval, et qu'il ne trouva plus de monture: les Arabes avaient eu l'adresse de lui dérober ses trois chevaux pendant l'obscurité de la nuit.

Nous partîmes pour Jaffa..... Je fus mis à pied, et comme les Arabes étaient toujours derrière nous, je ne voulus pas marcher. Heureusement pour moi que je rencontrai le général Duroc qui me connaissait; il me fit donner un de ses dromadaires à monter. Je l'acceptai avec plaisir; mais en arrivant devant Jaffa, je fus remis à la garde du camp, et cette fois, ce fut l'adjudant-major Dalhmann qui vint lui-même pour me faire exécuter cette cruelle punition. Le chef d'escadron Barthélemy lui avait fait un rapport sévère de ma première résistance qui devait être suivie d'une seconde plus dangereuse encore que la première. L'adjudant irrité s'emporta et s'oublia même au point de me maltraiter. Il ne le fit pas impunément... Et moi j'avais encouru la plus grave des peines portées par la discipline militaire... Aussi l'adjudant furieux me menaça-t-il de toute la rigueur des lois.

Les ennemis venaient d'offrir aux regards de l'armée française un hideux spectacle, ce fut le 7 mars qu'ils plantèrent sur les remparts, au sommet d'une pique, la tête ensanglantée du parlementaire français qui leur avait été envoyé. L'irritation des soldats était à son comble; l'assaut allait se donner, et moi j'allais rester oisif, paisible spectateur de la valeur de mes frères. Oh! non, plutôt mourir| et le désespoir dans le cœur, je m'élançai avec la dix-huitième et la trente-deuxième demi-brigade. Nous montâmes à l'assaut, et je ne fus pas le dernier à braver la mort. Le chef de ce corps apercevant un soldat qui ne lui appartenait pas, et voyant la résolution avec laquelle j'affrontais le péril, me fit venir à lui et me demanda pourquoi je me trouvais au milieu de ses grenadiers. Je lui expliquai franchement et en peu de mots l'affaire de Ramleh, qui m'avait occasionné le malheur indicible pour un soldat plein de cœur, d'être mis à la garde du camp lorsqu'il a devant lui l'ennemi à combattre.

— « Maintenant, lui dis-je, j'ai enfreint la
» discipline militaire, il faut que je meure, et
» je préfère m'ensevelir avec gloire sous les
» décombres de Jaffa, que de tomber désho-
» noré sous le plomb de mes compatriotes...
» Ma mort du moins sera utile à mon pays. »

Un compte exact de la conduite que j'avais
tenue pendant l'assaut fut rendu au général
Bonaparte, qui donna de suite l'ordre de me
faire rentrer à mon corps ; mais auparavant,
le chef de brigade Bessière vint me chercher, et me conduisit à la tente de Napoléon.

— Sais-tu, me dit le général en chef, à
mon arrivée, que tu mérites d'être fusillé ?

Je ne répondis rien.

— Va, tu es heureux d'avoir acquis le renom de brave soldat parmi tes camarades, et
si je ne te connaissais pas tel...

Ici entra l'adjudant-major qu'il avait mandé. Une explication eut lieu. Je reçus de nouveaux reproches, à la fin desquels Napoléon saisit la main de l'adjudant, la posa dans la mienne, et nous nous donnâmes l'accolade fraternelle en jurant de déposer l'un l'autre toute espèce de ressentiment. Mon serment fut sacré; je l'ai prouvé dans la suite, en le sauvant des mains des Mamelucks, à l'affaire du Monthabor, dans la colline de Nazareth. Je sortais de la tente du général en chef, lorsque je lui entendis prononcer d'une voix émue à ses officiers d'état-major les paroles suivantes:
« Il faut user de ménagement, messieurs, et
» ne pas montrer surtout trop de sévérité en-
» vers les soldats souffrans de notre armée,
» car rappelez-vous bien qu'un Français vaut
» dix Turcs, mais qu'un brave en vaut
» vingt. »

Jaffa venait d'être prise d'assaut; on s'était battu jusque sur les toits des maisons, et nous avions poussé l'ennemi vers le port, où une partie avait été noyée. On fit environ deux mille prisonniers.

Le lendemain, on apprit que les vivres que nous attendions avaient été interceptés, et que l'on avait égorgé les détachemens qui les conduisaient. Cette nouvelle jeta la consternation dans l'armée. Il nous était impossible de conserver nos prisonniers, nous manquions de vivres pour nous, et les renvoyer à leurs corps réciproques était chose impraticable. J'en appelle à tous ceux qui ont connu les mœurs des ennemis que nous avions à combattre : si Napoléon eût suivi l'impulsion de son cœur, il perdait son armée. Un conseil de guerre fut établi ; on y décida que les prisonniers seraient passés au fil de l'épée, triste condition des vaincus ; mais malheureusement, dans cette guerre, il fallait tuer ou être tué, et l'instinct de la conservation dut l'emporter sur l'humanité même. On reçut l'ordre de garnir les bords de la mer, et une division amena les prisonniers. Soudain une décharge se fit entendre... une grande partie de ces malheureux tombèrent.; le reste fut chargé par la cavalerie; mais le cœur du soldat français bondissait d'horreur; les bras étaient engourdis... personne ou presque personne ne pouvait frapper... On les poussa vers la mer où ils se jetèrent à la nage, et allèrent gagner des rochers à un quart de lieue, une demi-lieue, et même trois quarts de lieue du rivage, ce qui épargna à nos soldats le triste spectacle de voir massacrer un à un des gens sans défense. Ils ne furent cependant pas sauvés, puisque ces infortunés périrent par les flots de la mer.

Si j'ai dit un mot de cette affaire mémorable en elle-même, et par les discussions qu'elle a soulevées parmi les historiens, c'est que je fus témoin oculaire des scènes déchirantes et inévitables de cette terrible journée.

CHAPITRE V.

C'est ici que l'on dort sans lit ,
Et qu'on prend ses repas par terre :
Je vois et j'entends l'atmosphère
Qui s'embrâse et qui retentit
De cent décharges de tonnerre ;
Et dans ces horreurs de la guerre ,
Le Français chante , boit et rit.

V.

L'armée partit de Jaffa en cotoyant la mer, et repoussant de tous côtés ses nombreux ennemis qui ne cessaient de la harceler. Elle arriva devant Saint-Jean d'Acre. On connaît les admirables préparatifs de ce siége et les inconcevables travaux qui s'exécutèrent sous le feu de l'ennemi. Dans un assaut. nous entrâ-

mes dans la ville. Un bataillon de la dix-huitième demi-brigade fut pris par les Anglais et
les Turcs. On les força à boucher la brèche
qu'à chaque instant nous agrandissions. A cette
vue, Bonaparte qui ne voulait pas tirer sur
ses propres soldats devenus prisonniers, m'envoya avec un de ses officiers d'ordonnance en
parlementaire à la brèche de la tour de Tan-
tourah. J'étais le vingt-deuxième, et les vingt-
et-un qui m'avaient précédé n'en étaient pas re-
venus. Bonaparte me fit donner un de ses mou-
choirs blancs, signe ordinaire que prend tout
militaire de quelque nation qu'il soit, quand il
est envoyé en parlementaire. Je partis aussitôt
en faisant flotter mon guidon blanc au haut
d'une branche de palmier. Je me glissai à plat
ventre jusqu'au pied de la tour, et là, je son-
nai la sommation. Sur le champ, je reçus
pour réponse une décharge de balles qui me
coupèrent près du poignet la branche de palmier au sommet de laquelle était mon guidon, qui fut percé lui-même en tant d'en-

droits, qu'il ressemblait à un morceau de den-
telle. Pour moi, j'étais resté intact au milieu
de cette grêle mortelle, tant sont bizarres les
caprices de la fortune! Ayant été ainsi salué
à mon arrivée, et n'ayant pas grand temps
pour délibérer avec moi-même, je saisis une
pierre près de la tour, je coupai le cordon de
ma trompette, et j'entortillai autour de la
pierre la lettre de Bonaparte adressée à Djez-
zar, je la lançai aux soldats Démaugrabins qui
étaient dans leurs retranchemens, et je revins,
comme j'étais allé, dans une position assez
pénible. Non loin de là, je rencontrai le prince
Eugène... il était seul, et venait d'être blessé
à la tête par un éclat d'obus. Je lui offris mon
bras pour la descente du boyau de la tranchée; il l'accepta volontiers. Je suis charmé,
me dit-il, de te rencontrer ici. Je connaissais
déjà ton nom, j'aime un soldat de ferme résolution. De ce jour-là, il me témoigna le plus
vif attachement, et son amitié ne fut point
factice comme celle de tant de hauts person-

nages ; on pourra s'en convaincre dans le cours
de cet ouvrage. Il me quitta au bas de la descente et m'engagea à l'aller voir quand les circonstances me le permettraient. Je le lui promis, et nous nous séparâmes. A peine l'eus-
sé-je quitté, que les soldats de la tranchée me
conduisirent en triomphe à la tente du général Verdier qui me félicita, et fit un rapport
très flatteur de ma conduite de soldat au général en chef.

Bonaparte était à table quand je me présentai à lui. Il me témoigna son contentement,
et m'offrit un verre de vin de Chypre, que
je bus avec le plaisir qu'une première action
d'éclat inspire à un soldat français.

On leva le siége de Saint-Jean d'Acre pour
aller dans la vallée de Josaphat débloquer
le général Kléber et le général Junot.
Dans la colline de Notre-Dame-de-Nazareth,
les Mamelucks tombèrent sur l'adjudant-ma-

jor Dalhmann. Je volai à sa défense, et je reçus pour début un coup de lance. Le mal irrita mon courage, et déjà trois d'entre eux étaient tombés sous mes coups, lorsque je faillis être mis hors de combat par un vigoureux coup de sabre et un coup de feu. Tout couvert que j'étais de mon sang et de celui de mes ennemis, je repris courage et le colonel eut sa liberté. Un d'entre les Mamelucks me poursuivit par derrière et sembla s'acharner à ma personne. J'étais horriblement fatigué ; je perdais mon sang et mes forces par les différentes blessures que je venais de recevoir, et il fallait néanmoins faire face à mon terrible adversaire qui ne paraissait pas disposé à me lâcher. En voulant parer un de ses coups, mon sabre fut coupé en deux par son damas ; prompt comme la pensée, je me jetai sur lui à corps perdu comme un homme déterminé à mourir. Le hasard voulut que je le saisisse par sa longue barbe ; alors, penchant violemment sa tête sur le poitrail de mon cheval, je le tuai avec

8

la crosse de mon pistolet, seule arme qui me restait dans ce combat meurtrier. On avait déjà reçu au corps la nouvelle de ma mort, et on fut tout étonné de me voir revenir. Je fus présenté par l'adjudant-major au général Bonaparte, qui me délivra de suite un sabre d'honneur. Si vous saviez tout ce que j'éprouvai de bonheur en recevant cette récompense des mains de mon général! J'étais fou de joie, je l'embrassai avec le délire d'un amant passionné quand il reçoit une première lettre de son amante, qu'il la couvre de baisers ardens et qu'il la presse sur son cœur; aujourd'hui encore mon imagination se réveille fraîche et jeune comme à vingt-cinq ans à l'aspect de ce premier gage de la valeur. Silence! vieillard! renferme dans ton sein tes émotions de félicité éphémère; le vent du malheur, de l'ingratitude et de la trahison a soufflé sur le colosse qui t'offrit cette armure, et le colosse s'est brisé. Ses cendres reposent isolées sur une roche sauvage loin de la patrie où il fit tant de bruit.

O hommes ! rien n'est à l'abri de vos coups !

Quoique je n'ai reçu mon brevet qu'en l'an neuf, au 27 germinal, il me semble que sa place est naturellement ici, et je m'empresse de le mettre sous les yeux du lecteur que j'engage à vérifier entre mes mains l'original dont je transcris seulement la copie. C'est ainsi que doit procéder tout homme de bonne foi. A l'appui des faits, les titres.

BREVET D'HONNEUR

POUR LE CITOYEN KRETTLY (ÉLIE).

Bonaparte, premier consul de la république, d'après le compte qui lui a été rendu de la conduite distinguée et de la bravoure éclatante du citoyen Krettly (Élie), brigadier trompette dans la cavalerie de la garde des consuls, à l'affaire du 26 germinal, an sept, à Monthabor, à l'armée d'Orient, en chargeant les Mamelucks, lui décerne, à titre de récompense nationale un *sabre d'honneur*. Il jouira des prérogatives attachées à la dite récompense par l'arrêté du 4 nivose, an huit.

Donné à Paris, le 27 germinal, an neuf de la république française.

> Le premier consul, BONAPARTE.
>
> Le ministre de la guerre, N.
>
> Par le premier consul, le secré-
> taire d'état, N.

Après la glorieuse victoire du Monthabor, nous revînmes au camp de Saint-Jean d'Acre qui devait servir de barrière aux conquêtes de Napoléon en Syrie. Là, je fus envoyé par le général Bonaparte avec un de ses aides-de-camp en parlementaire vers l'amiral Sidney-Smith à bord du vaisseau qu'il commandait. Nous fûmes reçus par cet amiral avec une politesse sans égale. Une table fut servie à l'instant, et pendant qu'il répondait à la dépêche de Napoléon, nous goûtions les délices d'un repas vraiment précieux pour nous, puisque, depuis long-temps, nous n'en avions fait un semblable. Quand il eut fini sa missive, il nous trouva sur le pont à nous promener. La beauté de mon uniforme le frappa; il s'approcha de moi:

— A quel corps appartenez-vous, me dit-il d'un air gracieux?

— Aux guides du général Bonaparte, lui répondis-je.

— « Vous êtes de fiers sabreurs, reprit-il en
» souriant, et en général, messieurs, votre
» armée est grande et belliqueuse ; il paraît
» que vous manquez de boulets, ajouta-t-il
» d'un air tout à fait malin et avec le contente-
» ment d'un homme qui a deviné le secret de
» ses adversaires, puisque vous venez manœu-
» vrer autour de nous pour nous forcer à
» tirer sur vous, puis vous ramassez nos bou-
» lets avec une témérité vraiment inconceva-
» ble. »

Je m'abstiens ici de réflexions; je ferai seulement observer que c'est un amiral ennemi qui s'exprimait ainsi sur la valeur et la ferme résolution des soldats de Napoléon.

Nous prîmes congé de l'amiral anglais pour revenir auprès de celui qui nous avait envoyé.

Napoléon leva le siége de Saint-Jean d'Acre, et apprit à son armée qu'elle allait rentrer en Egypte.

Nous reprîmes en effet la route du Caire. Sur le rivage de Gaza, nous aperçûmes une caravane de chameaux : je me portai en avant avec le chef d'escadron Barthélemy pour en arrêter la tête. Aussitôt, deux Arabes se précipitèrent sur moi. Je reçus un coup de feu et un coup de sabre que mes deux adversaires payèrent subitement de leur vie. Cette affaire ne fut pas longue; elle se passa sous les yeux du capitaine Bessières, frère du maréchal de ce nom, et eut pour témoin un grand nombre de mes camarades. Nous arrivâmes enfin au Caire où nous reçumes l'ordre de partir pour aller venger à Aboukir l'échec que nous y avions éprouvé. Pendant le trajet, le général en chef me donna à plusieurs reprises l'ordre de me porter en avant pour reconnaître si les ennemis que nous avions devant nous étaient Turcs ou Arabes. Dans ces reconnaissances, j'étais toujours accompagné par le frère du Mameluck que déjà Napoléon avait attaché à sa personne.

A notre arrivée, nous marchâmes sur les Turcs qui venaient de débarquer près du fort d'Aboukir. A peine avais-je posé le pied sur le champ de bataille, que j'entendis pousser ces cris : A moi! à mon secours! C'était un maréchal-des-logis du troisième régiment de dragons qui avait déjà reçu une balle dans la poitrine et qui allait succomber sous le cimeterre de deux Turcs. Je me précipitai au devant d'eux ; d'un coup de sabre j'en étendis un par terre et l'autre se sauva à toutes jambes. Le malheureux dragon était tombé par suite de fatigues et par la douleur que lui causait sa blessure. Je le relevai et le transportai à l'ambulance ; je l'adossai à une touffe de palmiers, et je priai le chirurgien de lui extirper la balle de sa poitrine. Ce dernier voulut se refuser à cet acte d'humanité. Il avait, disait-il, et c'était malheureusement trop vrai, un grand nombre d'autres blessés à panser. Celui-ci ou un autre, répondis-je vivement, tous sont Français; je ne l'ai pas rapporté vivant du champ de bataille pour le voir mourir entre les mains de celui qui doit le sauver. Allons, monsieur, le temps presse, n'en perdons pas davantage en de vaines paroles.

— Que voulez-vous que je fasse, reprit le chirurgien, je n'ai pas de linge.

A peine avait-il prononcé ces mots, que

déjà j'avais arraché une manche de ma che-
mise pour servir d'appareil au blessé. Il fut
pansé sur le champ. Comme le chirurgien fi-
nissait de bander la plaie, un boulet parti de
l'escadre turque ou anglaise vint frapper le
pied des palmiers où j'avais déposé le blessé,
et nous renversa tous les trois. Nous fûmes
tout couverts de sable. Le chirurgien m'aida à
relever le dragon, et je le fis mettre en lieu de
sûreté avec les autres blessés. J'allais partir,
quand il me demanda le nom de son libérateur.

— Krettly, lui criai-je; et je piquai des
deux pour rejoindre mon corps qui s'apprê-
tait à faire une charge.

En ce moment, le général Bonaparte qui
venait de donner des ordres pour faire avancer la trente-deuxième et la dix-huitième demi-brigade afin de couper la ligne à la division
turque, voyant que ce mouvement ne s'effec-
tuait pas à son gré, prit une de ces détermi-

nations brusques qui n'appartenaient qu'à lui. Il partit au galop entre le feu de l'ennemi et le nôtre, afin d'arriver plus vîte. Il était accompagné du général Murat et du prince Eugène. Cette périlleuse décision fit réussir le mouvement qu'il avait conçu ; mais une partie des guides qui le suivaient furent tués ou blessés, et lui, traversa au milieu de tant de balles amies et ennemies, sans qu'aucune d'elle ne le touchât. L'armée dut croire comme lui à la fatalité ; car il semblait écrit sur son front que les boulets et la mitraille devaient respecter sa personne. Quant à moi, je traversais le camp des Turcs au moment où le pacha sortait de sa tente. Il me tira un coup de pistolet à bout portant. Il ne m'enleva fort heureusement pour moi qu'une natte de mes cheveux, et il reçut en échange un coup de sabre qui lui sillonna la figure ; il était couvert de sang, et tout étourdi du coup dont je venais de le gratifier, il ne me fut pas difficile de le faire prisonnier. Je le conduisis à l'état-ma-

jor ; là , comme il ne parlait pas notre langue,
il me fit signe de prendre son étoile et son
croissant. Je remis de suite ces objets au général Bonaparte, qui me dit :

— Garde cette étoile, elle pourra te servir
un jour.

Je l'ai gardée religieusement comme un
monument de cette action d'éclat, elle ne m'a
jamais quitté au milieu de toutes mes tra-
verses, et aujourd'hui, je la possède encore.
Le pacha me fit dire les choses les plus flatteuses par un interprète, et moi qui ne songeais
alors qu'à me battre pour mon pays, sans
penser à mon avancement personnel, j'abandonnai mon prisonnier pour retourner à la
charge sur les Turcs. Le chef de brigade Bessières m'ordonna d'enlever le drapeau d'un
peloton qui allait se jeter à la mer pour se
sauver sur les bâtimens anglais et turcs ; j'arrivai sur les bords de la mer aussitôt que le

peloton , et j'eus le bonheur de m'en revenir avec le drapeau.

Toute l'armée turque pliait alors devant la valeur française et finit par s'abîmer dans les flots où le plomb de nos soldats les atteignait encore.

Ainsi finit la journée du 25 juillet, si glorieuse pour nous, si fatale pour nos adversaires ; on transporta les blessés à Alexandrie.

Le lendemain de la bataille d'Aboukir , je parcourus tous les hôpitaux pour retrouver le jeune maréchal-des-logis que j'avais sauvé la veille ; après bien des courses et bien des recherches , je finis par le découvrir ; il était dans un meilleur état que je n'aurais pu le penser d'après la gravité de sa blessure ; mais il n'avait ni linge ni argent , et ceci du reste n'avait rien de bien étonnant dans cette occurence ; le lendemain, je lui apportai tout ce dont

il avait besoin, je partageai ma bourse avec lui,
il put du moins se procurer quelques petites
douceurs dont il était privé; je m'étais attaché
à ce jeune homme comme à un ami, et dans
ce temps, une amitié contractée en face de la
mort ne cachait pas d'amères déceptions
comme on en éprouve dans le tourbillon de
la société; le mot de bienfait n'était pas français parmi nous, celui qui avait, partageait
avec ceux qui n'avaient pas, on offrait sans
orgueil et on recevait sans être humilié, c'est
sous l'impression du souvenir agréable de ce
bon vieux temps, que j'avoue ici avoir partagé
ma bourse avec mon jeune ami; il m'avait de-
mandé mon nom la veille, ce jour là, je voulus
savoir le sien.

— Je me nomme Carrière , me dit-il, maréchal-des-logis au troisième dragon.

— Eh bien ! mon cher Carrière, si un jour
nous revoyons dans le même temps la France,

venez me trouver, ma maison vous sera ouverte ; je n'oublierai jamais le maréchal-des-
logis.

Ces paroles furent comme une espèce de
prédiction qui devait se réaliser quatre ans
plus tard.

On me permettra d'anticiper un peu sur la
date des années ; je n'aurais peut-être pas occasion de rappeler ce fait, et il me fit éprouver une sensation si délicieuse, que je ne saurais le passer sous silence. Il peint si bien,
d'ailleurs, la reconnaissance de mon jeune
ami !

Comme je viens de le dire, quatre ans s'é-
taient écoulés depuis ce moment. Un jour que
j'avais rassemblé à l'école militaire tous les
membres de ma famille, un officier de dragons entra précipitamment au milieu du repas, et se dirigeant vers moi, avec la rapidité

de l'éclair, il me sauta au cou : Mon libérateur ! mon père ! furent les seules paroles qu'il
put proférer. Il me pressait la tête à deux
mains avec la cordialité, la franche amitié
d'un brave soldat. J'étais tout étonné de ces
démonstrations amicales que je ne croyais
véritablement pas avoir méritées.

— Vous vous trompez sans doute , mon
sieur.

— Oh ! non , ce n'est point une erreur, ré-
pliqua-t-il vivement.

— Votre nom ?

— Je n'ai pas besoin du vôtre , moi , le nom
de Krettly est gravé dans mon cœur. Avez-
vous oublié le maréchal-des-logis du troisième dragon et l'affaire d'Aboukir.

— Ni l'un ni l'autre . lui dis-je en le regardant fixement ; cependant, vos traits sont bien changés, mon ami ; mais je vous reconnais enfin.

— J'ai un peu grandi, reprit-il en souriant.

— Vraiment oui ; en Egypte vous aviez une taille ordinaire, et maintenant vous avez près de six pieds, et avec cela des épaulettes... Ah! c'est fort bien !

Et ce fut à mon tour à lui donner l'accolade fraternelle.

Cette scène fut comme un petit coup de théâtre ; elle produisit toutefois une émotion moins factice. Tous mes parens le regardaient avec un plaisir qui me faisait du bien à moi-même. On porta de suite un toast à l'ancien maréchal-des-logis, et le jeune officier promit de revenir me voir. Il tint parole, mais j'étais

absent , et lui ne put renouveler sa visite ; car
il rejoignait son régiment. J'éprouvai un vif
regret, ou pour mieux dire, je crois que nous
en eûmes tous les deux.

Il m'écrivit de sa main le billet suivant, que
j'ai toujours conservé comme un souvenir de
sa gratitude.

« Le sieur Carrière, ancien maréchal-des-
» logis au troisième dragon est venu pour
» souhaiter le bonjour à son libérateur Kret-
» tly. »

(*Bataille d'Aboukir.*)

Je ne l'ai jamais revu depuis; mais s'il vit
encore, et si le hasard fait tomber ces mémoires entre ses mains, il verra que son libérateur ne l'oublia jamais.

Revenons maintenant à Alexandrie où je
laissai mon jeune ami encore souffrant, pour

retourner au Caire, où le triomphe de Bonaparte avait produit une vive sensation parmi
la population égyptienne. Aussi, fut-il salué
avec enthousiasme du nom de prophète invincible.

Nous ne restâmes pas long-temps au Caire.
Bonaparte avait deviné que de plus hautes
destinées lui étaient réservées en France, il
voulut les accomplir; il se sentait grandi pendant son expédition d'Orient de toute la
hauteur de son épée; il voulait en prendre
l'Europe entière pour juge.

Le 22 août, on mit à la voile.

Je m'embarquai avec le général en chef
pour revoir ma patrie, et courir sous ses ordres à de nouveaux hasards.

CHAPITRE VI.

Le fer et le feu lui ouvrent une route difficile et périlleuse à travers les rochers ; on remplit des vides immenses avec des fascines et de gros arbres ; on bâtit des ponts de communication ; on traîne à force d'épaules et de bras l'artillerie dans quelques endroits inaccessibles aux bêtes de somme ; les soldats aident les pionniers ; les officiers aident les soldats.

GAILLARD. (Passage des Alpes par François Ier.)

VI.

Après une traversée semée d'écueils, le général Bonaparte était débarqué, à Fréjus, au
milieu de la joie universelle; cet enthousiasme,
produit par ce stigmate de grandeur que ses
actions d'Orient avaient imprimé sur son front,
s'échelonnait, pour ainsi dire, sur son passage.

Partout des fêtes, des acclamations dont le soldat lui-même était fier; partout des bénédictions pour le vainqueur récent de l'Égypte et le sauveur futur de la France; c'est ainsi que le transport des populations se propagea de contrées en contrées, et le déposa à Paris, le 16 octobre, tout couvert des palmes de l'Orient, et fort de la bataille d'Aboukir.

Tout le corps des troupes qui étaient débarquées à Fréjus avec le général en chef, ne l'accompagna pas dans sa marche triomphale jusqu'à Paris, il ne fut suivi que d'une vingtaine de guides environ; le reste, avec l'infanterie, la cavalerie, l'artillerie, tous marchant à pied, prit, par son ordre, la direction de Valence pour le rejoindre dans la capitale.

Nous n'eûmes pas les mêmes honneurs que lui; les autorités municipales des villes, pour obéir au Directoire, sans doute, refusèrent de nous reconnaître, ce qui jeta parmi

nous la défiance et le mécontentement; pour
ne pas entendre tant de fois un refus si hideusement ingrat, nous prîmes des chemins
détournés plutôt que de passer dans l'enceinte
des villes; nous fûmes même obligés de traverser
plusieurs bras de la Durance dans les endroits
où elle était guéable; nous avions de l'eau
jusqu'à la moitié du corps et un froid excessif
engourdissait nos membres épuisés. Nous
étions alors au mois d'octobre; quel contraste !.... Nous venions de faire la guerre
au sein des sables brûlans de l'Egypte, et à
peine avions-nous posé le pied sur le sol humide de la patrie qu'il s'était arrêté de froid et
d'étonnement !.... A une température de feu
succéda une température de glace; l'histoire
redira ces faits avec peine, mais nous fûmes
réduits à regretter les horribles figures des
Bédouins du désert, que nous trouvions moins
laides que celles de nos compatriotes, tant il
est vrai que l'ingratitude de l'homme imprime
sur son visage le cachet de la difformité; c'est

pour nous un besoin de dire ici que tous les Français n'avaient pas les mêmes sentimens, nous aimons même à penser que la plus grande partie de la nation protestait tout bas contre nos souffrances ; mais ceux qui éprouvaient pour nous des sympathies étaient dans l'impossibilité de nous soulager ; plusieurs fois, succombant presque à la rigueur du froid, nous fîmes des haltes forcées; alors, nous nous éparpillions dans les campagnes, cherchant sous des toits rustiques des cœurs sensibles qui nous faisaient place au coin du feu et partageaient avec nous leur frugal repas; c'est ainsi que de halte en halte, de chaumière en chaumière, nous arrivâmes aux portes de Valence qui nous refusa un asile que nous croyions plus assuré qu'ailleurs; il n'y avait plus à balancer; il nous fallait prendre une détermination prompte; nous entrâmes donc dans la ville, et nous nous rangeâmes en bataille devant la citadelle; nous avions des chefs expérimentés, pleins de courage au be-

soin, mais prudens selon les circonstances ; à
leur tête se trouvaient le frère du maréchal
Bessières et l'adjudant major Dalhmann. On tint
conseil, et ces messieurs se rendirent auprès
des autorités qui demeurèrent opiniâtres dans
leur premier refus ; l'adjudant-major voyant
qu'il n'y avait rien à gagner, les quitta brusquement, et nous ayant rassemblé en corps :
« Soldats, nous dit-il, êtes-vous d'avis de vous
« loger ici ? » Nous répondîmes affirmative-
ment, et en un clin-d'œil, la moitié du corps
avait fait une à droite, et nous étions entrés
dans la citadelle qui n'était gardée que par
une compagnie de grenadiers.

— « Mes amis, leur dit l'adjudant-major,
« nous sommes vos frères; on refuse de nous
« recevoir, nous sommes forcés de nous em-
« parer de la citadelle, en attendant qu'il plaise
« au gouvernement de disposer de nous. »

Ces paroles, prononcées d'un ton simple

et plein de conviction, produisirent tout l'effet qu'on en pouvait attendre.

Les autorités s'amendèrent et prirent le parti de la conciliation; les grenadiers évacuèrent la citadelle et nous les remplaçâmes; les officiers et sous-officiers furent logés dans les maisons particulières, et reçurent des citoyens beaucoup plus d'accueil qu'ils n'en avaient d'abord reçu des autorités. Bientôt après, arriva l'ordre de nous rendre à Paris. Il était signé de la main du premier Consul!

L'opinion publique, dans la capitale, n'avait pas tardé à se manifester en faveur de Bonaparte avec autant d'enthousiasme que dans les provinces; le Directoire lui-même, à son déclin, avait fêté ce noble revenant égyptien, sans penser que quelques jours plus tard, ce fantôme plein de vie le frapperait de caducité avant l'âge, en lui montrant la lame de son épée, et envelopperait toutes ses conquêtes et tous ses triomphes passés sous la toge d'un consul.

Laissons-le donc se débattre au milieu du Conseil des Cinq-Cents, et pendant que le 18 brumaire se prépare et s'achève, jetons un coup-d'œil sur la situation de la France à cette époque.

Les Autrichiens avaient repris l'Italie que Bonaparte avait conquise avant de partir pour l'expédition d'Égypte ; l'Ouest se déchirait avec furie de ses propres mains, la Bretagne était le théâtre du brigandage, des vols et des cruautés des Vendéens ; la république allait périr, et la France attendait le génie de Bonaparte pour trouver un remède à tant de calamités qui l'accablaient à la fois.

Cependant, la haine des partis qui ne lui étaient pas favorables grandissait avec le géant, et l'envie impuissante n'en lançait pas moins de sa bouche envenimée des amertumes sur les exploits d'Égypte ; on n'épargna pas même les soldats dont le front noirci par le soleil du désert annonçait leur participation aux travaux et à la gloire de leur général. Il ne sera peut-être pas déplacé de dire ici un mot des misérables querelles que l'on nous cherchait à nous-mêmes, à nous qui venions de faire pendant si long-temps une guerre d'extermination contre les Arabes et les Mamelucks, et qui n'avions, pour nous venger des sarcasmes et des quolibets qu'on nous lançait à la face, que le seul moyen de dégaîner contre des adversaires de fabrique antique et nouvelle, nos épées victorieuses que le sang des ennemis teignait encore, mais qu'il n'avait pas rouillées.

Deux circonstances particulières et indépendantes de notre volonté vinrent encore aggraver le mal ; la première fut l'espèce d'aisance pécuniaire dans laquelle nous parûmes à Paris, et qui rendit notre séjour dans la capitale plus brillant et plus agréable pour nous.

Cette fortune momentanée provenait de dix-sept mois d'arrérages qui nous étaient dûs et que l'on nous remboursait mois par mois avec notre paie ordinaire par prêt, ce qui se pratiqua ainsi jusqu'à fin de paiement; la seconde fut le titre nouveau dont les événemens du temps nous revêtirent; nous échangeâmes notre nom de guides du général Bonaparte en celui de garde des consuls, et l'éclat attaché à ce changement nous attira la jalousie de plusieurs régimens. Les factions profitèrent de ce schisme malheureux pour envenimer les choses, et elles lancèrent bientôt contre nous tout ce qu'il y avait de plus querelleur dans la capitale; nous eûmes même la douleur de voir se ranger parmi nos adversaires des soldats, nos frères d'armes, à qui notre cause aurait dû être sacrée; des mots injurieux furent prononcés, et nous n'étions pas hommes à endurer une insulte; plusieurs d'entre eux s'oublièrent au point de nous appeler tout haut les guides de *Bon-à-Pendre*, et comme on le pense bien, les duels commencèrent.

Dans ce temps, nous habitions la caserne de Babylone; un jour que j'étais à la porte du quartier, en conversation avec plusieurs sous-officiers, je vis s'avancer vers nous un groupe de maîtres-d'armes; nous ne fûmes point étonnés de leur visite, mais elle fit sur moi une impression désagréable, leur aspect me donna presque de l'humeur; ils s'approchèrent de nous et demandèrent à parler à nos maîtres d'armes.

— Ils sont restés en Égypte, leur répondis-je d'un ton peu gracieux. L'un d'entre eux tourna la tête d'un air de doute et de mécontentement.

— Vous devez au moins en avoir ici quelques-uns, reprirent-ils assez aigrement.

Sur ma réponse négative, ils parurent un

peu déconcertés, mais ils renouvelèrent leurs questions d'une manière si pressante qu'il était impossible de ne pas voir leur intention formelle d'engager une mauvaise querelle ; quant à moi, je fus tout à fait impatienté de leur tenacité.

Dans cet instant, l'appel que l'on faisait au quartier allait se terminer.

— Entrez, messieurs, leur dis-je, entrez... bouchez-vous les yeux et mettez la main sur le premier venu, vous trouverez un brave qui vaut un maître d'armes.

— Eh bien! je mets la main sur toi, s'écria l'un des champions.

Et les autres s'adressèrent à nos chasseurs.

La rixe s'engagea sans que nous en connussions véritablement le motif; nous sortîmes de la caserne et allâmes choisir un terrain propice pour ce singulier combat ; nous mîmes le sabre à la main et onze d'entre eux furent blessés à ce jeu dangereux ; plusieurs mêmes succombèrent à leurs blessures.

Deux jours après cette affaire, une nouvelle provocation nous fut faite ; on nous porta même le défi de nous rendre au Champ-de-Mars ; nous étions outrés des insolences qui nous étaient adressées chaque jour, et malgré la défense la plus expresse de la part de nos chefs, nous nous rendîmes au lieu du rendez-vous. A peine étions-nous arrivés sur le terrain qu'une multitude de soldats et de spadassins de la ville se précipitèrent au devant de nous, et en un rien de temps, plus de cent cinquante hommes, tant d'un côté que de l'autre se trouvèrent en ligne le sabre à la main.

Cette espèce de bataille rangée commençait

à devenir meurtrière, lorsque parut M. le maréchal Lefebvre qui commandait alors la ville
de Paris, il avait sans doute été prévenu à
temps, car il arriva à la tête d'un escadron de
cavalerie qu'on nommait alors, si ma mémoire est fidèle, Royale-Cravate, cinquième
de cavalerie. Nous fûmes forcés de nous dissiper et de rentrer à la hâte dans nos quartiers
où des ordres sévères furent donnés aux soldats;
plusieurs des régimens où se trouvaient nos
provocateurs quittèrent Paris. Ainsi s'affaiblit
une querelle que l'on semblait nous avoir
déclarée à mort, et qui infailliblement aurait
eu les résultats les plus funestes sans la mâle
intervention du maréchal.

Si je me suis décidé à dire un mot de ces
scènes misérables en elles-mêmes, c'est pour
donner une juste idée du travail sourd des
opinions politiques de l'époque, qui ne tendaient à rien moins qu'à désorganiser l'armée.
Loin de moi la pensée d'afficher par ces dé-

tails une prétention ridicule de bravoure dans ces combats singuliers où j'ai figuré comme partie, il est vrai, mais qu'il n'a pas dépendu de moi d'empêcher.

Je ne sais comment le prince Eugène avait appris que je m'étais trouvé dans cette contestation, mais quelques jours plus tard, comme j'étais de service auprès de lui, il m'adressa des reproches avec une sévérité toute pleine de bon cœur. Peut-être intérieurement n'était-il pas fâché de voir que nous avions pris à cœur une querelle qui ne s'adressait à nous que parce qu'on n'osait pas s'attaquer au premier consul.

Je voulus m'excuser auprès du prince en lui disant que nous n'avions pas été les provocateurs, qu'au contraire, nous nous étions tenus sur le pied de la légitime défense.

« F.... reprit-il d'un ton que d'autres au-

« raient pris pour de la colère , je ne veux pas
« qu'il y ait désormais de pareil scandale parmi
« vous; et toi , si tu continues un semblable
« métier, je ferai mettre dans ton fourreau
une lame de bois. » Cette idée me sembla
comique, et j'eus toutes les peines du monde à arrêter le sourire qui effleura mes lèvres.

Pendant le cours de nos fâcheux débats, la
tête du premier consul n'était pas restée oisive;
que de travaux! que de longues élucubra-
tions! que de conceptions neuves sortirent
alors de son cerveau brûlant de génie!
Après avoir rédigé son code immortel, après
avoir accordé une amnistie générale, après
avoir écrit au roi d'Angleterre une lettre toute
pacifique à laquelle le parlement avait répondu
par ces mots : Point de paix avec la France;
enfin, après avoir fait des actes administratifs de
la plus haute importance, il fut forcé de songer
à la guerre que lui déclara la coalition formée

par l'Angleterre, l'Autriche, l'Empire, la Ba-
vière, la Suède, le Danemarck, la Porte et la
Russie, il créa une armée de réserve, et le
6 mai 1800, il partit de Paris pour se rendre
en Italie. Je fus aussi du voyage. J'allais revoir pour la seconde fois ce climat si beau et
qui fut le théâtre de tant de belles opérations
militaires.

Nous avions laissé derrière nous le fameux
mont St.-Bernard dont le passage rappelle les
travaux si glorieux du passage des Alpes par
François Ier, et nous nous trouvâmes arrêtés
par l'inexpugnable fort de Bard. Ce fort est
situé entre deux montagnes escarpées dont la
pente est tellement rapide que les chèvres elles-
mêmes ont peine à s'y tenir; il était occupé par
les Autrichiens, et comme il domine la route
qui le traverse, tous ceux qui se présentaient
étaient foudroyés; c'est par cette route unique
et meurtrière que l'armée française devait
passer. Ce fut en vain que Bonaparte ordonna

l'assaut de cette citadelle imprenable; il fallut y renoncer et prendre pendant la nuit des précautions inouïes pour opérer le passage; on joncha la terre de matelas, on enveloppa de paille les roues des pièces de canon et on les fit traîner non par des chevaux, mais par des soldats eux-mêmes afin de faire le moins de bruit possible; toutes ces précautions n'empêchèrent pas le feu de l'ennemi de nous détruire beaucoup de monde. Quand nous fûmes de l'autre côté du fort, je vis un grenadier dont j'ignore le nom gravir le roc à pic avec des efforts incroyables, et aller se placer en embuscade dans une cavité élevée qu'il avait remarquée d'en bas; là, aussi à l'aise que dans sa chambre, il était à l'abri du feu de l'ennemi et dominait les canonniers qui allaient mettre le feu aux pièces; il avait eu la précaution de se munir de cordages au moyen desquels on lui montait des cartouches et du pain; son habileté devint funeste aux soldats du fort, chacun de ses coups était mortel pour le canonnier qui s'avançait sur les pièces, il était tué avant d'avoir pu y mettre le feu. Il finit par détruire un à un presque tous les canonniers de ces batteries couvertes. Quand il fut de retour, l'empereur le félicita et lui donna sur le champ les épaulettes d'officier. Nous continuâmes notre route au milieu des succès, et nous atteignîmes le petit village de Marengo qui devait bientôt immortaliser son nom par la grande victoire qu'y remporta le premier consul. Dans ce grand jour, je me trouvais de piquet auprès du général Bonaparte; il m'envoya avec un de ses aides-de-camp reconnaître la déroute causée sur la gauche par les dragons de Bussi; je m'avançai assez près de ce corps; un officier se présenta à moi et me disputa le passage; j'acceptai le combat qui ne fut pas très long; en moins d'une seconde je l'avais tué et je m'étais emparé de son cheval, puis, je continuai ma route. J'arrivais presque jusqu'au huitième dragon, lorsqu'un obus éclata à dix pas de nous ; l'aide-de-camp du premier consul et moi nous fûmes couverts d'une terre boueuse qui nous aveugla. Après nous être un peu remis de cet accident, nous abordâmes enfin le huitième dragon et nous remîmes au colonel de ce corps les ordres du général en chef, et de suite, le colonel mit les troupes en mouvement et arrêta la déroute ; ma mission étant assez heureusement terminée, je revins au quartier général rendre compte au premier consul de ce qui se passait. Les troupes autrichiennes s'avancèrent de notre côté au moment où les guides à pied étaient occupés à se glisser dans un fossé auprès de nous ; ils furent aperçus par les Autrichiens qui tirèrent sur nous deux coups de canons dont un boulet coupa en deux mon plumet.

— Eh bien ! tu n'as rien, me cria vivement le premier consul qui se trouvait à côté de moi ?

—Rien, mon général, que de la rage dans

le cœur et un plumet de moins ; mais si vous voulez me le permettre, je leur enleverai leurs pièces.

Bonaparte rabattit ses deux sourcils froncés et me regarda fixement :

— Toujours le même !... non, je ne veux pas, c'est par trop de témérité.

— De la témérité, mon général, soit, mais donnez-moi seulement la moitié du piquet (environ vingt hommes) et les pièces sont à nous.

Il me refusa encore, mais je revins à la charge et je fus si pressant qu'il y consentit.

Je me mis aussitôt à la tête de ma petite troupe, et j'attendis que les guides à pied eussent gagné le flanc des ennemis ; alors, ils commencèrent un feu si bien nourri que je jugeai le moment favorable.

— Camarades, m'écriai-je, un peu d'audace! chargeons en fourrageurs. Je fus bien secondé, le mouvement s'exécuta avec tant d'a-
dresse que cinq minutes après les pièces étaient
en notre pouvoir. Cette affaire me valut les fé-
licitations du premier consul, et une trompette
d'honneur me fut décernée pour récompense.

AU NOM DU PEUPLE FRANÇAIS,

BREVET D'HONNEUR

POUR LE CITOYEN KRETTLY (ÉLIE).

Bonaparte, premier consul de la république,
d'après le compte qui lui a été rendu de la
conduite distinguée et de la bravoure éclatante du citoyen Krettly, brigadier trompette
de la garde des consuls à l'affaire du vingt-cinq
prairial, an huit, à Marengo, armée d'Italie;

Lui décerne à titre de récompense nationale une trompette d'honneur.

Il jouira des prérogatives attachées à ladite récompense, par l'arrêté du 4 nivose, an huit de la république française.

Le premier consul,   BONAPARTE.

Le Ministre de la guerre,   CARNOT.

Par le premier consul, le secrétaire d'état,

HUGUES B. MARET.

Après cette action, j'étais rentré à mon poste ; le prince Eugène qui commandait les chasseurs à cheval des consuls, voyant venir à lui le corps des dragons de Bussi Autrichiens au nombre d'environ deux mille hommes, commanda une charge sur eux ; un large fossé nous séparait de nos adversaires, nous l'eûmes bientôt franchi et la charge fut si rapide que nous entamâmes en un clin d'œil la tête de ce corps ; au milieu de la mêlée, le général qui le commandait fut enlevé de dessus son cheval et se trouva enfourché sur le cou de celui du brave Daumesnil qui le saisit vigoureusement et le tint tellement serré qu'il lui fut impossible de se mouvoir ; il fut conduit de cette manière au quartier général.

Les dragons avaient fait demi-tour et dans la poursuite que nous leur avions faite, ils avaient reçu sur le dos de vigoureux coups de sabre, ce qui fit dire au général prisonnier qui s'adressait au prince Eugène :

— Vos chasseurs ont de forts poignets, car mes dragons sont tout fendus par le dos.

— Général, répliqua plaisamment le brave Daumesnil, c'est que nous les avons pris pour des maquereaux de Paris.

Napoléon félicita sincèrement le prince Eugène de la belle manœuvre qu'il avait exécutée.

— Ton ardeur, mon ami, te conduira loin.

— Général, lui répondit le prince avec

modestie, une armée comme la vôtre fait faire rapidement le chemin de ses chefs, et tout le monde a de la gloire.

Bonaparte se porta en avant près de la rivière d'Alexandrie ; l'ennemi avait concentré toute son artillerie dans les petits bois et les broussailles des environs ; deux brigades françaises s'avancèrent pour opérer un mouvement, l'ennemi s'en aperçut et fit un feu d'artillerie foudroyant. Les pièces étaient chargées à boulet ; dans ce désastreux moment, nous ne savions où porter nos pas ; le premier consul voulait absolument enlever cette position, mais elle était on ne peut plus périlleuse et difficile, les hommes tombaient autour de lui ; il ne sourcillait pas ; ses généraux lui faisaient des observations, il n'y répondait pas et fixait constamment l'ennemi ; enfin, tout s'éclaircissait autour de lui. Le général Bessières accompagné du général Duroc voyant que leurs observations étaient restées sans

résultat auprès de Bonaparte, prirent le parti
de le saisir par le collet et de l'entraîner hors
du poste où chaque instant pouvait lui apporter la mort. Comme ils s'en retournaient,
le premier consul aperçut le général Desaix qui arrivait sur le champ de bataille à
la tête d'une division, et il s'écria aussitôt : La
victoire est à nous !... Effectivement, la position fut enlevée. Il en coûta la vie au brave
Desaix qui emporta les regrets du premier
consul et ceux de toute l'armée.

Le général Autrichien tenait encore à Marengo, il en fut bientôt chassé par l'impétuo-
sité des troupes françaises. On poursuivit les
ennemis jusqu'à la Bormida dont Bonaparte
fit attaquer le lendemain la tête du pont ;
alors, les négociations s'entamèrent. Ainsi finit,
le 15 mai 1800, la glorieuse journée de Marengo.

Après cette importante victoire, nous ac-
compagnâmes le premier consul à Paris.

A mon arrivée dans la capitale, j'allai saluer le prince Eugène et le complimenter du grade de colonel des chasseurs de la garde des consuls auquel il venait d'être promu. Une liaison aussi intime que pouvait le permettre la distance des rangs s'établit entre mon colonel et moi; comme il était grand amateur de musique, j'allais par son ordre passer tous les matins une heure ou deux auprès de lui, nous exécutions ensemble des duos de flûte qui se terminaient toujours par un assaut d'armes; la musique et les armes étaient les jeux favoris de ce prince aussi aimable dans le commerce de la vie privée que brave et courageux sur les champs de bataille.

Les jours s'écoulaient pour moi avec une rapidité effrayante, quelques instans de tran -quillité firent naître en moi des sentimens plus pacifiques; le tableau des blessés, des morts et des mourans disparut peu à peu de mes yeux, j'oubliai le tumulte des camps, le cliquetis des armures et le fracas du canon pour songer à l'amour..... L'amour et mon caractère étaient deux choses qui semblaient bien opposées, c'était pourtant la vérité.... Il est bon de dire que je ne renonçais pas pour cela à ma carrière de soldat. La première fois que j'entretins le prince de cette fantaisie, il se mit presque à rire. Rire à la barbe d'un amoureux n'est pas une irrévérence impardonnable? Il me fallut pourtant bien lui pardonner; la chose lui paraissait si incroyable que je fus obligé de lui assurer très-sérieusement que j'avais cette pensée.

— Y songes-tu, mon brave, me dit-il, un soldat comme toi n'a pour femme que la lame de son sabre et pour mère que la patrie.

Puis il entra avec moi dans des considérations tantôt générales, tantôt personnelles; seulement, il changea de thèse quand je lui dis le nom de ma future.

— Mademoiselle Tauzin! me dit-il, ah! la fille d'un homme que j'affectionne beaucoup. Monsieur Tauzin avait été attaché au brave et infortuné Beauharnais son père, en qualité de maître sellier carrossier; il avait reçu beaucoup d'éducation et s'était acquis par ses qualités et son dévouement l'estime du général et l'affection du prince qu'il avait vu élever.

— Sois heureux, me dit le prince Eugène, si le sort en est jeté, et rends ta femme heureuse; on assure qu'elle mérite de l'être. Je verrai ton futur beau-père, et s'il y a quelques difficultés, je ferai en sorte de les lever le plus promptement possible.

En effet, il le fit mander, et ils eurent ensemble un long entretien après lequel M. Tauzin me dit : Vous avez choisi un excellent avocat, il a plaidé votre cause avec une chaleur qui ne laisse rien à désirer pour vous et pour moi, et puisque vous possédez la faveur du

prince, il faut du reste que vous la méritiez
bien, j'aurais mauvaise grâce à vous refuser
la main de ma fille.

J'étais au comble de la joie, et je quittai
M. Tauzin pour rentrer auprès du prince.

— L'affaire est terminée, me dit-il, j'en étais
sûr, vous réglerez entre vous maintenant le jour
des noces, je t'enverrai mes voitures et je veux
être moi-même ton premier témoin.

Ce qui, à mon grand plaisir, arriva comme
il l'avait promis.

C'était le 9 ventôse, an dix.

Le prince s'était rendu quelques minutes
avant nous à la mairie du dixième arrondisse-
ment; là, il se plaça sur le siége destiné au
marié; l'officier municipal s'en étant aperçu
lui dit avec beaucoup de grâce, au moment où

nous arrivions : Mon prince, seriez vous le contractant ?

— Certainement, répondit-il avec amabilité, je contracte un engagement dont me déliera le premier né.

En pronançant ces mots, il me céda la place qu'il occupait et me dit à mi-voix :

— Tu ne me feras pas trop attendre.

Neuf mois après, il tenait mon fils aîné sur les fonds de baptême.

Pendant ce temps-là, Napoléon déployait en tous sens, au milieu de la capitale, les ressorts de son incroyable génie ; il échappait à la machine infernale ; concluait la paix d'A-miens ; donnait aux émigrés la permission de rentrer en France ; obtenait le consulat pour dix années d'abord, ensuite pour la vie, puis il instituait la légion d'honneur ! Bientôt le 18 mai va sonner, et le premier consul sera empereur des Français; puis, quelques mois plus tard, on proclamera l'hérédité à l'empire dans la famille de Bonaparte.

•

Le deux décembre s'annonçait par un froid excessif, et la cérémonie du couronnement se préparait dans l'église de Notre-Dame; le cortège devait passer sous les fenêtres de la maison où je logeais; j'escortais la voiture où le premier consul était assis et où devait remonter un empereur.... Quand je fus vis-à-vis de mon logis, j'aperçus à la croisée mon épouse qui tenait entre ses bras mon jeune fils à qui elle avait appris à bégayer le nom de l'empereur... Vive Napoléon était tout ce que pouvait tronquer un enfant de dix-huit à vingt mois; sa mère avait eu la précaution de rejeter son manteau sur ses épaules, afin qu'il conservât en liberté ses petites mains qu'il tendait vers la voiture de l'empereur. Napoléon l'aperçut, laissa errer un sourire sur ses lèvres et lui renvoya plusieurs baisers.

Moi, j'étais content, j'aurais voulu, dans mon amour-propre de père, pouvoir dire à mon général : Cet enfant qui vous salue, c'est le mien, c'est un petit perroquet à qui sa maman a appris la leçon de mon cœur. La chose était impossible, et pour m'en consoler en continuant ma route vers l'église, je me disais tout bas : Ce marmot-là un jour le servira comme son père.

Bien des gens auraient souhaité comme moi que ma prédiction fût réalisée, d'autres auraient été blessés de mes vœux. Ainsi va le monde, ce qui plaît à l'un déplaît à l'autre. Quoi qu'il en soit, l'époque des malheurs de l'empereur arriva avant que mon fils fût en âge de porter les armes.

La cérémonie religieuse s'achevait à Notre-

Dame, et l'empereur, après s'être couronné
lui-même, et avoir couronné de ses mains
Joséphine, impératrice des Français, reprit le
chemin du palais au milieu de la joie universelle; ce jour-là, le peuple et les soldats riaient
franchement, quelques hauts personnages
pensaient, d'autres murmuraient tout bas, et
l'Europe entière tournait ses yeux sur un seul
homme.

Cet homme, c'était l'empereur Napoléon !

CHAPITRE VII.

La mort frappe au hasard ; reste donc ferme à ton poste, l'œil tendu, l'oreille attentive.

Young.

VII.

L'Angleterre ne voulait pas reconnaître celui
que le peuple français avait mis à sa tête en
lui appliquant ces sublimes paroles du grand
Alexandre : *Au plus digne ;* la Russie s'était
alliée avec l'Angleterre, et Napoléon, menacé
par la conjuration des rois et des empereurs,

ne balançait pas à se laisser placer sur la tête la couronne d'Italie, et à donner pour vice-roi à ses nouveaux sujets le fils de son adoption, le sage et courageux prince Eugène. J'éprouvai beaucoup de regret à me séparer du prince dans l'intimité duquel j'avais vécu pendant un assez long espace de temps, et pourtant, j'étais heureux de lui voir accorder des honneurs qu'il méritait si bien. Les jours s'écoulaient rapidement, et la journée d'Ulm approchait à grands pas ; je n'étais occupé que de voyage et d'intérieur, et depuis mon mariage, je n'avais assisté à aucune affaire.

L'incapacité de l'amiral Villeneuve venait encore de tromper l'attente de Napoléon pour me servir de l'expression de plusieurs auteurs; aussitôt, les conceptions déçues du grand capitaine se changèrent tout à coup en conceptions nouvelles, étonnantes, sublimes, dont le nœud devait se délier à Austerlitz.

L'armée française marchait vers l'Autriche , et, le premier octobre 1805, l'empereur adressait aux bords du Rhin une proclamation magique à ses soldats; le treize du même mois, nous étions devant Ulm, et le quatorze, sur les sept heures du soir , on fit prendre position à la garde impériale sous les remparts de la ville; la pluie tombait par torrens, nous pouvions à peine nous tirer des chemins devenus impraticables, nos chevaux enfonçaient jusqu'aux jarrets dans la boue, et, malgré leur force et leur courage, ces pauvres bêtes avaient peine à se mettre au petit trot. Nous passâmes une nuit désastreuse ; non seulement, la bise soufflait avec violence , la pluie nous battait la figure et pénétrait nos vêtemens, mais encore, nous nous trouvions à la portée des fusils des remparts. Cependant, la garnison d'Ulm avait effectué une sortie pendant l'obscurité , et, à la pointe du jour, le feu redoubla de toutes parts. Napoléon donna l'ordre d'attaquer; le régiment des chasseurs à cheval de la garde

impériale, les grenadiers à cheval et les mamelucks se trouvèrent en face des fameux
dragons de la Tour dont la réputation colossale
de bravoure était connue de toutes les armées
de l'Europe; les Autrichiens envoyaient toujours ce corps en avant, espérant bien de sa
vigoureuse résistance; ce jour-là, ils eurent
devant eux les soldats de Marengo, qui avaient
aussi leur renommée à défendre et une gloire
nouvelle à acquérir. En un instant, arriva une
mêlée de cavalerie, les hommes luttaient corps
à corps sur leurs chevaux, enfoncés dans la
boue jusqu'à l'étrier; ne pouvant plus user de
la pointe de nos sabres, nous frappions à coups
de monture sur le visage. Les dragons de la
Tour, après avoir soutenu le choc avec vigueur pendant quelques temps, plièrent enfin
et battirent bientôt en retraite; ce mouvement
fut si précipité qu'il ressembla plutôt à une
fuite; ils prirent leur route sur la droite du
pont levis de la ville, et laissèrent l'entrée
d'Ulm à découvert. Pendant la mêlée qui venait

d'avoir lieu , la garnison avait porté à l'entrée du pont des planches revêtues de clous de charettes, la pointe en l'air ; ils avaient laissé sur les côtés des pelotons d'infanterie pour exciter la cavalerie à faire sur eux une charge périlleuse ; cette manœuvre leur réussit. Plusieurs chevaux de nos soldats furent encloués. je m'avançai jusques-là, et apercevant le piége au moment d'y tomber, je fis part de mon observation au colonel Dalhmann qui nous fit faire sur le champ peloton à droite pour poursuivre l'arrière-garde des dragons de la Tour. Je fus retardé un instant dans cette poursuite par une catastrophe arrivée à mon brigadier-trompette ; son cheval fut tué sous lui, et lui-même tomba dans la boue où il était presque enseveli ; nous eûmes beaucoup de peine à le dégager, et nous le remontâmes sur un cheval de main, expression militaire qui signifie un cheval libre par la mort de son cavalier, et que l'on tient à la disposition du premier soldat qui en a besoin. Il continua la charge avec nous, mais il était destiné à éprouver dans cette journée, combien sont quelquefois bizarres les événemens de la guerre; il fut enlevé par un dragon de la Tour qui l'enfourcha devant lui sur son cheval, et peu de temps après, nous le reprîmes; il eut sa liberté sans avoir reçu une égratignure. Ce jeune homme, nommé Girard, était d'une très petite taille, mais il avait un courage étonnant et sa force égalait celle des hommes de haute stature; il était doué d'un esprit perçant, et possédait assez d'instruction dans un temps où le soldat ne connaissait presque rien que son épée. Quant à moi, j'étais très attaché à mon petit brigadier-trompette, dont j'aimais beaucoup la loyauté et la bravoure.

Cependant, nous poursuivîmes les ennemis à outrance; pendant ce temps, le prince Murat avait rassemblé un grand nombre de régimens de cavalerie qu'il faisait manœuvrer habilement, et avec lesquels il avait cherché à gagner les derrières de l'ennemi; il arriva aussitôt que nous à la hauteur où les dragons ennemis s'étaient ralliés à d'autres troupes dans l'intention de tenter contre nous un dernier effort. Le chef d'escadron Desmichel, à la tête de la colonne et du peloton où je me trouvais, fit faire une charge si habilement et si vaillamment conduite, qu'il mit en déroute le corps autrichien qui prit la fuite aussitôt, et que nous poursuivîmes assez longtemps, et même jusques sur le territoire prussien.

Cependant, Napoléon, l'infatigable Napoléon avait bloqué, le quinze, la ville d'Ulm, et, malgré ses fossés pleins d'eau, cette ville défendue encore par les hauteurs de Michelsberg et de la Tuilerie allait succomber sous les efforts des armes françaises, si le général Mack ne se fût rendu à la sommation de l'empereur qui lui écrivait en ces termes :

« Si vous ne capitulez pas sur le champ, je

» prendrai la ville d'assaut; je serai forcé de
» faire ce que je fis à Jaffa, où la garnison fut
» passée au fil de l'épée; c'est un droit bien
» triste, mais c'est le droit de la guerre; épar-
» gnez à la brave nation autrichienne et à moi
» la nécessité d'un acte aussi effrayant. La
» place n'est pas tenable. »

L'empereur était maître du plateau qui domine la ville, et les troupes françaises avaient enlevé de vive force plusieurs postes avancés. Le général Mack connaissait Napoléon, et il était frappé de la vérité de ces dernières paroles : La place n'est pas tenable; il capitula, et le 19, son armée déposa les armes aux pieds du vainqueur.

Napoléon quitta Ulm où son ennemi avait trouvé, selon son admirable expression, ses fourches caudines; il s'avança avec son armée victorieuse, à qui, pour la première fois, il avait donné le surnom de grande, jusqu'à

Munich, où il reçut l'accueil le plus flatteur de la population, qui lui donna le titre de libérateur; de là, avec une rapidité que l'on a peine à suivre, il arrive à Vienne en dépit de François II, qui avait proposé un armistice au vainqueur, devant lequel il fuyait. L'armée française occupa bientôt les routes de la Moravie, pendant que l'empereur établissait à Schœnbrunn son quartier général. Cependant, pour gagner du temps, les ennemis employaient les ruses diplomatiques auprès de Napoléon qui les avait trop facilement devinés pour rester dans l'inaction; il se hâta de quitter Schœnbrunn pour ne rien perdre de ses avantages, et, bientôt, il se rendit à Brünn, afin de choisir, comme il le dit fort bien, son moment et son ennemi.

Nous voilà enfin dans les plaines d'Austerlitz! Napoléon connaît déjà les fautes de ses adversaires et dit : Avant demain soir, cette armée est à moi.

12

La nuit du premier décembre s'était étendue sur les bivouacs, et les ténèbres épaisses cachaient la ronde de Napoléon dans son camp, ses pensées s'étaient toutes concentrées sur la journée du lendemain, mais il était donné à ses soldats de les faire refluer en arrière, quelle race d'hommes il commandait!... quel homme il était lui-même! Napoléon et son armée ont passé au milieu de leur génération comme des voyageurs étrangers qui ont leurs mœurs, leurs coutumes, leur langage, dont tout le monde a compris sans pouvoir la rendre l'inimitable pantomime.

Cette nuit donc, il ne put échapper à l'œil pénétrant des braves qui le devinaient partout, son incognito ne put se prolonger que quelques pas, et le souvenir de l'anniversaire du couronnement de l'empereur étant venu réveiller des idées de bonheur dans le cœur de tous ses enfans, ils improvisèrent sur le champ une fête magnifique dont les frais ne firent assurément murmurer personne, et dont la noble intention toucha vivement le cœur de l'empereur; par une spontanéité admirable, chaque soldat fit une torche de paille, et cent mille flambeaux, subitement allumés, éclairèrent le passage du héros qui nous électrisait par sa présence. Les ténèbres s'enfuirent du bivouac, l'horizon s'agrandit, le ciel devint pourpre, une musique guerrière retentit dans les airs, et, au bruit du clairon, se mêlèrent les hymnes de joie de toute l'armée qui fatigua les échos des cris mille fois répétés de vive l'empereur. Cette fête triomphale et d'invention nouvelle est la propriété de la grande armée, elle en a retenu le brevet exclusif, et jamais on n'y trouvera de perfectionnement. Cette illumination éblouissante s'affaiblit par degrés ; l'empereur se retira, mais ses paroles vibrèrent encore longtemps dans le cœur de chaque soldat, à qui cette fête improvisée laissa dans la mémoire une impression de grandeur.

Enfin, le soleil du deux décembre va pa-

raître, et, dans ce jour, il éclairera les triomphes de la France, et une grande déception de
la part de deux empereurs coalisés.

Napoléon parcourut le front de son armée
en disant à ses soldats : Enfans, il faut finir
cette campagne par un coup de tonnerre.
Effectivement, le canon gronda bientôt sur
tous les points, et l'ennemi, après avoir
essuyé de grandes pertes, fut obligé de nous
céder les hauteurs. L'empereur commandait
la réserve composée des dix bataillons de sa
garde, et d'autant de bataillons de grenadiers
réunis, commandés par le général Oudinot;
il aperçut deux brigades françaises qui s'é-
taient trop abandonnées à leur ardeur, et qui
avaient été prises par la garde impériale russe;
il détacha promptement le régiment des chasseurs de ses guides, les grenadiers à cheval et
les mamelucks pour leur porter du secours ;
je faisais partie de ce renfort. Nous fondîmes
avec la rapidité de l'éclair sur la garde russe,

et nous l'entamâmes de manière à la faire plier
et à la mettre en déroute complète. Au milieu
du mouvement, j'aperçus le colonel Daumesnil environné d'une douzaine de Russes,
contre lesquels il se défendait vaillamment; il
eut indubitablement succombé si je ne l'eus
pas vu au milieu de ce danger, vendant chè-
rement une vie honorable qu'il ne voulait pas
laisser à la disposition de ses ennemis en se
rendant captif, et qui devait être encore plus
tard utile à son pays. Je tombai à l'improviste
sur ses adversaires, et j'en culbutai sept ou
huit d'entre eux au moment où ils cherchaient à le faire prisonnier; j'eus enfin le
bonheur d'arriver jusqu'au colonel, et de
l'arracher de leurs mains après avoir tué celui
qui lui tenait la baïonnette au corps, et sabré
tous ceux qui s'opposaient à moi. Pour cette
fois, je reçus force coups de crosse de fusils
assaisonnés de quelques coups de baïonnettes,
j'étais moulu et couvert de sang, mais avec
mon corps de fer, ce n'était pas assez pour

m'empêcher de continuer ma route avec le colonel que je venais de sauver.

Je repris le commandement des deux pelotons de trompettes du régiment de chasseurs à cheval, et nous fîmes une charge rapide sur l'infanterie ennemie. Nous débordâmes sur la droite la garde russe qui paraissait vouloir se former en bataillon carré. J'aperçus au milieu quatre pièces d'artillerie qu'ils cherchaient à cacher au centre. Je fis faire sur le champ demi-tour à gauche, et je me portai auprès du colonel Morland à qui je fis part de mon observation.

— Oh! bah! me dit-il, vous perdez la tête.

— Non, colonel, lui répliquai-je vivement, non, je ne la perds pas, et si vous faites votre charge dans la direction vous risquez beaucoup.

Cet avertissement déplut au colonel qui me

dit tout sèchement : Laissez-moi continuer mes opérations.

Je n'avais plus rien à répliquer; je fis incontinent une à droite, et vins reprendre mes deux pelotons de trompette ; j'obliquai sur la droite du bataillon carré des ennemis. A peine étais-je arrivé à la hauteur de la direction que j'avais quittée, que le régiment, à la tête duquel était le colonel Morland, aborda le front de bandière du bataillon carré russe qui recelait la mort dans son sein ainsi que je l'avais dit au colonel. Dans l'instant, quatre coups de canon, chargés à mitraille, partirent à la fois sur le régiment. Une partie de l'état-major tomba, et le brave et infortuné Morland, qui venait à l'instant même de recevoir sa nomination de général, paya de sa vie le tort de n'avoir pas voulu suivre l'avis d'un subalterne, ou pour mieux dire de s'être trop abandonné à une valeur intempestive. Le régiment n'en continua pas moins sa charge sous le commandement du colonel Dalhmann. En cet instant, à la tête de mes deux pelotons de trompettes, je m'élançai moi-même, plein de rage, sur les pièces de canon de nos ennemis, et nous nous en emparâmes avec vigueur. Cette affaire me mit à même de faire nommer huit de mes trompettes membres de la légion d'honneur, et seize autres qui l'ont été plus tard, à la suite de cette même affaire où ils s'étaient comportés bien vaillamment. Je sais qu'il y en a plusieurs encore aujourd'hui dans Paris, et on peut lire le fait sur la poitrine de ces braves. C'est une preuve qui en vaut bien une autre.

A la suite de cette prise importante, le corps de dragons russes, composé de toute la noblesse du pays, se présenta devant nous. Un colonel de ce corps ayant aperçu le maréchal Bessières qui était seul en observation, se dirigea rapidement vers lui. J'avais deviné son intention, et j'étais rendu avant lui auprès du maréchal qui se mettait en mesure de se défendre.

— Ce n'est point à vous, monseigneur, lui criai-je, à faire le coup de sabre, c'est trop peu pour vous d'un pareil adversaire.

— Laisse-moi, me répondit-il avec vivacité.

Je ne l'écoutais plus, j'étais déjà en face du colonel russe ; celui-ci était plein de rage d'avoir perdu l'adversaire qu'il cherchait, il se précipita sur moi avec furie, et je ne fus pas peu étonné de lui entendre prononcer ces mots en bon français : Tape donc, mâtin, si tu en as le courage ! Au même instant, il crut me porter un coup mortel, mais je relevai son sabre et lui enfonçai le mien jusqu'à la garde au travers du corps. Je m'emparai de son cheval qui, presque aussitôt, devint la possession du colonel Desmichel, nommé de nos jours général de division en Afrique.

Cependant, l'ennemi était aux abois de

toutes parts ; il laissa bientôt en notre pouvoir ses drapeaux , ses pièces de canon , son artillerie, et les plaines d'Austerlitz s'engraissèrent du sang des morts.

La nuit commençait à s'étendre sur les deux armées, les Autrichiens et les Russes n'avaient plus d'espoir de salut que dans la fuite; l'empereur donna ordre au colonel Dalhmann de partir de suite avec son régiment et de les poursuivre en partisan , afin de ramasser tout ce que l'on trouverait de fuyards. Cependant, ils battaient en retraite avec ordre; la nuit était tout à fait close lorsque nous arrivâmes dans plusieurs villages où nous fîmes prisonniers près de cinq mille hommes qui furent conduits à l'état-major. A la pointe du jour, nous étions arrivés à la grande hauteur d'Austerlitz, et nous avions dépassé tant soit peu l'avant-garde du corps d'armée du général Bernadotte. Nous prîmes position, et aussitôt, nous aperçûmes les tirailleurs cosaques qui commençaient à garnir le sommet de cette hauteur. Je me trouvais alors détaché avec les tirailleurs de notre corps, et je reçus l'ordre formel de ne cesser le feu que quand un des aides-de-camp de l'empereur viendrait lui-même m'avertir. Un instant après arriva un prince autrichien avec son escorte; il s'adressa à moi et me pria de suspendre la vive fusillade de nos tirailleurs, parceque l'empereur d'Autriche désirait avoir une conférence avec l'empereur Napoléon.

Je lui répondis qu'il n'était pas en mon pouvoir de faire ce qu'il demandait, et, que je ne pouvais prendre sur moi une aussi grande responsabilité.

— Au nom de Dieu, au nom de Dieu, me cria-t-il d'une voix suppliante, faites cesser ce feu, l'empereur d'Autriche s'avance pour demander lui-même la paix à votre empereur.

— Prenez, répliquai-je au prince, la col-

line qui se trouve à votre droite, vous trouverez sans doute l'état-major du corps d'armée
d'avant garde, quant à moi, je ne puis rien
faire de mon chef.

Dix minutes après, le général Bernadotte
arriva lui-même pour ordonner la disconti-
nuation du feu, mais, j'avais reçu un ordre
si précis, que je ne pus obtempérer à celui du
général.

— Dans l'instant même, me dit-il, vous
allez voir paraître un aide-de-camp de l'empereur.

Il disait vrai, l'aide-de-camp parut, et je
reçus l'ordre de ne pas continuer le feu, et de
recevoir tout parlementaire qui pourrait venir
pour le quartier général.

En effet, un grand parlementaire se présenta, ce fut l'empereur d'Autriche lui-même

qui venait demander la paix à Napoléon; il était dans sa calèche, escorté d'un escadron de gendarmes autrichiens; je fis sonner le ralliement, et je vins rejoindre l'escadron de réserve pour suivre aussi la marche de l'empereur d'Autriche, qui se rendait au bas de la colline à une petite chaumière, où se décida la paix entre les deux monarques.

Un traité de paix dans une chétive cabane !

Quelques jours après, je fus nommé lieutenant en second, et je reçus mon brevet à Schœnbrunn.

Schœnbrunn, le 2 nivose, an 14, bureau de la garde impériale.

A Monsieur KRETTLY, *maréchal-des-logis chef, trompette-major des chasseurs à cheval de la garde impériale.*

Je vous annonce avec plaisir, monsieur.

que l'empereur, par décret du 27 frimaire dernier, vous a nommé à l'emploi de lieutenant en second au corps dont vous faites partie.

Je donne connaissance de votre nomination au maréchal d'empire, colonel général de la garde, et lui mande de vous faire recevoir dans le nouveau grade qui vous est conféré.

Je vous salue,

Le Ministre de la guerre,

M^{al.} BERTHIER.

Me voilà donc revêtu d'épaulettes auxquelles jusques-là, je n'avais pas encore songé; Austerlitz avait opéré bien des métamorphoses, et l'officier Krettly avait remplacé Bamboche, le trompette-major; ainsi le voulut l'empereur. J'eus du regret un instant, mais quand je levai la tête et que je vis au dessus de moi une foule de personnages qui avaient été moins que mes égaux; je fis par devers moi des réflexions assez légitimes, je pense, et le désir de ne plus rester en arrière s'empara de moi; d'ailleurs, j'étais père de famille, et mon avancement devenait nécessaire à ma femme et à mes enfans, je ne cessai pas pour cela d'être bon soldat, du moins, j'ai l'amour-propre de le croire, j'aurais rougi d'occuper un rang auquel je n'aurais pas été élevé par quelque action d'éclat, ou d'obtenir une récompense que je n'aurais pas méritée, j'en ai assez obtenu pour les autres me disais-je, je puis accepter celles que l'empereur m'offrira, car il ne les donne pas en aveugle. Aujourd'hui, j'ai la conscience forte de n'en avoir briguée aucune, et, je suis fier de dire au lecteur que je puis porter sans rougir les rubans qui décorent ma poitrine, parcequ'ils cachent des cicatrices honorables, et que, d'ailleurs, tous mes grades et mes récompenses militaires ont été conquis à la pointe de mon épée. Il fallut bien me séparer de mes trompettes que j'aimais comme mes enfans, avec lesquels je vivais depuis des années, et me consoler de la perte de mon emploi favori; mon titre nouveau me donna une position toute nouvelle devant laquelle je ne reculai pas, d'autant mieux que notre existence à nous tous se passait sur les champs de bataille, et là, point d'étiquette, en face de la mort qui nous menaçait à chaque instant; point de ces satyres légères et quelquefois gonflées de calomnie qui, se confiant à voix basse, se mêlent avec harmonie aux chants moëlleux d'un piano doré; point de ridicule surtout, cet ornement de grand salon que nous laissions volontiers aux heureux des villes, mais en récompense, dans ces plaines sauvages arrosées de sang, des hymnes patriotiques s'élevaient dans les airs, et se mêlaient au bruit guerrier des décharges et de la foudre, et l'honneur français était célébré au milieu des fanfares et du cliquetis des armes.

Quel contraste !

C'est ainsi que nous vivions dans l'union et la fraternité, et que nous mourions en chantant pour la patrie et l'empereur.

Voilà le secret de bien des victoires! voilà la vieille garde!

Jeunes enfans de la France, quand vous allez au combat, donnez un souvenir à vos pères.

CHAPITRE VIII.

Aucun chemin de fleurs ne conduit à la gloire.

LAFONTAINE.

VIII.

Après la bataille d'Austerlitz, Napoléon
était venu dans nos rangs nous féliciter avec
son langage si noblement simple : « Soldats,
« je suis content de vous ; » et on voyait bien
à l'expression de sa physionomie qu'il disait
les paroles de son âme ; il ajouta : « Lorsque
» tout ce qui est nécessaire pour assurer le

» bonheur et la prospérité de notre patrie
» sera accompli, je vous ramènerai en France;
» là, vous serez l'objet de mes tendres solli-
» citudes; mon peuple vous reverra avec
» joie, et il vous suffira de dire : j'étais à la
» bataille d'Austerlitz, pour qu'on vous ré-
» ponde : Voilà un brave.

Cette dernière prédiction s'accomplit pour moi d'une manière bien flatteuse; nous étions rentrés à Paris comme l'empereur nous l'avait promis, et, de tous côtés, on venait en hâte féliciter le grand capitaine de ses triomphes. Le vice-roi d'Italie, l'aimable prince Eugène de Beauharnais ne fut pas le dernier à venir offrir ses hommages au vainqueur d'Austerlitz. Je ne tardai pas à apprendre son arrivée, et j'en conçus la joie la plus vive, car je lui étais fort attaché, et il y avait si long-temps que nous nous étions quittés que j'étais véritablement heureux de le revoir; je me rendis donc un jour à son hôtel, rue de Lille. Il était entouré de son état-major.

— Te voilà, mon pauvre Bamboche! Ce ton d'ancienne amitié me fit un grand plaisir.

— J'ai parlé de toi bien des fois, et j'y ai pensé plus encore. Ah! des épaulettes, tu m'avais promis de ne pas quitter tes trompettes.

— C'est vrai, mon prince, mais l'empereur en a décidé autrement, et, d'ailleurs, vous n'étiez plus avec nous.

— Allons, c'est très bien, il faut alors travailler à ton avancement rapide.

Il se tourna en ce moment vers les officiers qui l'entouraient, et leur dit :

— C'est un de mes déserteurs, messieurs, je vous présente un des vaillans soldats de mes chasseurs à cheval; du reste, messieurs, c'est un brave d'Austerlitz!...

J'étais ému, je l'avoue. Était-ce vanité (eh! qui n'a pas la sienne ici-bas?) ou n'était-ce pas plutôt le plaisir que j'éprouvais en pensant que le prince n'était pas indifférent à mes actions? Quoi qu'il en soit, après cet accueil si flatteur, je pris congé de lui; il me reconduisit jusqu'au vestibule, et me serra la main comme je serrerais celle d'un ami, et mes yeux se remplirent de larmes.

Mais cette paix qui semblait devoir régner long-temps sur la France et l'Europe, s'évanouit au bout de six mois, et nous reprîmes alors le chemin de la Prusse. Napoléon, comme il le dit lui-même au prince de Neufchâtel, était trop courtois pour manquer un rendez-vous où devait aussi se trouver une belle reine.

Les soldats s'aperçurent véritablement très-bien de la courtoisie de leur chef, car il fit faire une marche forcée, et le 6 octobre, il établissait son quartier général à Bamberg.

Les premiers succès obtenus à Saalbourg, à Schleitz et à Gera, ne furent que les préludes de la victoire d'Iéna. La veille du jour décisif, Napoléon nous avait fait grouper sur le plateau, et il avait passé la nuit au milieu de nous; le jour parut faible, sombre et humide de brouillards qui cachaient les mouvemens des deux armées; l'action s'engagea, et au bout de quelque temps, devint bientôt générale.

En vain l'ennemi s'était-il retranché dans une brillante position, en vain les troupes prussiennes étaient-elles enflées d'orgueil, en vain leur belle cavalerie fit-elle des prodiges de valeur, rien ne put tenir contre le génie de Bonaparte; et, tandis qu'il était victorieux à Iéna, son lieutenant Davoust se couvrait de gloire à Auerstaedt. L'armée prussienne fut complètement battue et presque anéantie.

L'empereur fit son entrée triomphante, le 27, à Berlin, où il séjourna pendant que les maréchaux poursuivaient l'ennemi sur tous les points et achevaient la conquête du pays; nous prîmes un peu de repos dans la capitale de la Prusse. Comme on avait logé momentanément les troupes françaises par pelotons dans plusieurs maisons de la ville, et surtout près de la caserne d'artillerie, l'empereur faisait souvent des tournées pour savoir comment tout se passait; dans une heure de laborieux loisir, il causait librement avec le soldat et riait de bon cœur quand il entendait un bon mot bien piquant, fût-il assaisonné de termes un peu rustiques. Dans ses aimables visites, il était toujours accompagné du prince Murat, du maréchal Duroc et du prince Berthier, et il ne manquait jamais d'y avoir foule sur son passage; ses soldats eux-mêmes, sortaient de leurs maisons pour voir passer l'empereur et son admirable cortége, avec une curiosité presque parisienne, et comme s'ils ne le voyaient pas tous les jours au milieu d'eux; mais c'était une véritable pierre d'aimant qui attirait à lui tous ses braves. Un jour, je faisais partie d'un groupe rassemblé devant la porte de mon logis, l'empereur faisait sa ronde accoutumée, escorté comme à l'ordinaire de ses maréchaux; il s'avança vers nous avec son air affable et son ton brusque.

— Eh bien, chasseurs, nous dit-il, êtes-vous contens d'être à Berlin ?

— Oui, Sire, lui répondit-on de toutes parts, surtout y étant entrés en vainqueurs.

Le prince Murat, de son côté, adressait la parole à plusieurs d'entre nous et leur disait : Eh bien, lurons, vous amusez-vous bien avec les Berlines ? Un de nos brigadiers, bon vivant et plein d'esprit naturel, s'avança gravement vers le prince, et, portant la main à son front, salut militaire de rigueur, il s'arrêta tout court ; nous ne savions pas ce qu'il voulait faire ou demander, quand nous l'entendîmes élever la voix d'un ton solemnel :

— Mille tonnerres ! mon prince, ce ne sont f..... pas des berlines, ce sont de vrais tape-culs.

L'empereur partit d'un grand éclat de rire, le prince Murat se tint les côtés, et tout l'état-major partit, en riant, au galop. Je n'ai jamais vu une joie si franche à l'empereur ; et nous, nous fîmes comme les enfans, nous avons ri de le voir rire.

Napoléon avait quitté Berlin pour aller éta-

blir ses quartiers d'hiver à Posen, et ensuite
à Varsovie. Le jour que son armée entra dans
cette capitale de l'intéressante et malheureuse
Pologne, il fit à ses troupes une superbe allocution qu'il termina par ces admirables paroles que toutes les bouches ont répété mille
fois depuis : « Eux et nous, ne sommes-nous
pas les soldats d'Austerlitz? » Nous nous en
rappelâmes, et les Russes ne purent l'oublier.
Napoléon fit mettre son armée en mouvement,
le 23 décembre, jour où les ennemis avaient
repris l'offensive; le grand général était en
mesure, il ordonna au maréchal Bernadotte de
rétrograder jusque sur les bords de la Vistule,
le corps du maréchal Lannes fut chargé de
maintenir le corps russe que commandait le
général Essen, et lui-même partit avec sa
garde.

L'officier chargé de porter les ordres de
l'empereur au maréchal Bernadotte était tombé
au pouvoir des Cosaques, sans avoir pu les

anéantir ; les Russes , avertis par là du danger qu'ils couraient , changèrent le plan de leurs opérations. Napoléon s'en étant aperçu , les poussa avec vigueur.

Cependant, l'empereur avait envoyé en dépêches auprès du général Lannes plusieurs officiers qui ne revenaient pas ; il en conçut quelque inquiétude, et, lorsque nous arrivâmes à Landsberg , il fit appeler le général Corbineau , et lui demanda un officier de ses chasseurs à cheval d'une grande résolution ; ce jour-là, j'étais de piquet auprès de l'empereur ; plusieurs fois, il m'avait aperçu, mais, dans ce moment de grave préoccupation , il ne pensait pas à moi. La chose n'est pas difficile à croire, nous n'étions qu'à huit jours d'intervalle de la grande journée d'Eylau , et sa tête travaillait activement. Pendant que le général Corbineau se disposait à aller lui trouver l'homme qu'il demandait, lui, cherchait aussi dans sa mémoire. Tout-à-coup, le souvenir de son ancien trompette-major se présenta à sa pensée, il rappelle le général et lui dit : J'ai mon affaire.

— Faites venir le lieutenant Krettly.

Je me présentai à lui, il écrivait. Quand il eut terminé, il leva la tête.

— Ah ! te voilà?

— Oui, sire.

Il plia ses ordres en silence, et me les remit, en me regardant fixement.

— Tu vas partir pour le corps d'armée que commande le maréchal Lannes, la route est longue et difficile, n'importe, il me faut une réponse.

— Vous l'aurez, Sire.

En disant cela, je cachais son écrit dans la manche de ma pelisse.

— Que ferais-tu, si tu étais pris, me dit-il d'un air assez préoccupé?

J'avais deviné sa pensée. Ses yeux parlaient.

— Sire, cet ordre ne sera jamais lu par un ennemi; je vous en donne ma parole.

— Mais encore?

— Je le mangerais.

Il me frappa sur l'épaule d'un air de satisfaction que j'étais toujours disposé à partager.

— Bien, dit-il, quand tu l'auras mangé, tu ne l'oublieras plus, et cependant, il me le répéta de vive voix pour mieux le graver dans ma mémoire.

— Maintenant, pars, de l'adresse et tu reviendras.

Je crus à sa prédiction, car ses paroles ne trompaient jamais le soldat.

Ma route fut heureuse jusqu'à Pultusk, mais là, ayant pris la forêt pour me rendre à Ostrolenka, où était le corps d'armée dont le général Savary venait de prendre le commandement à la place du maréchal Lannes qui avait été blessé, je fus tout-à-coup assailli par une nuée de Cosaques, et, comme je n'étais nullement tenté de faire connaissance avec ces messieurs, je m'enfonçai promptement au milieu des taillis où ils m'eurent bientôt perdu de vue, j'étais harassé de fatigue, et pour comble de disgrace, je me trouvais au milieu de chemins impraticables sans pouvoir reconnaître de quel côté je devais diriger mes pas. Je sortis de la forêt, satisfait d'avoir échappé à mes ennemis, et je pris au hasard une route inconnue. J'eus du bonheur, elle me conduisit directement sur mon chemin ; je doublai de vitesse pour me rendre à ma destination, et, après avoir fait 131 lieues, d'après les renseignemens que je pus prendre, j'arrivai enfin auprès du général Savary à l'instant où le corps qu'il commandait venait d'être attaqué par les Russes. Je lui donnai l'ordre de l'empereur qui lui enjoignait de battre en retraite sur Ostrolenka et le pont de Bug près Pultusk, pour défendre cette position. Je portais aussi des dépêches de nominations d'officiers supérieurs qui s'étaient distingués, et notamment, j'avais l'ordre de ramener avec moi M. le colonel Rosé, pour prendre le commandement d'un régiment de la garde impériale.

Ce brave colonel, du quatre-vingt-huitième régiment de ligne, avait sauvé son aigle et son drapeau pendant que ses malheureux soldats périssaient au milieu des marais.

Ma mission était remplie et je n'avais pas de temps à perdre, l'empereur m'attendait.

Je pris donc les dépêches du général Savary et je partis, accompagné du colonel Rosé. Ce digne militaire éprouva un sentiment bien pénible de douleur quand il fut obligé de repasser dans les lieux où son régiment avait essuyé l'horrible catastrophe dont je viens de parler ; moi-même, je ressentis une impression profonde de tristesse lorsque je vis tant de braves soldats enfoncés dans la boue par l'effet d'un dégel subit ; les uns ne laissaient passer que la tête sur cette surface fangeuse, les autres, pressés par les ennemis, s'y étaient précipités tête baissée, et leurs jambes ou leurs bras seulement s'élevaient au-dessus de ces perfides marais, comme pour attester que des corps humains y étaient engloutis ; près des bords, on voyait aussi de farouches Cosaques, la lance au poing, et prêts à frapper nos infortunés compagnons d'armes. Le froid

avait repris avec intensité, et tous ces cadavres, fixés au milieu de la glace, semblaient
encore animés.

C'était une belle horreur, pour me servir
d'une expression consacrée, et qui peint bien
ma pensée sur ce sinistre évènement.

Ce tableau, sombre et terrible, aurait mé-
rité le pinceau d'un grand maître ; il fit encore
tomber d'abondantes larmes des yeux de mon
compagnon de voyage, et moi, j'avais le cœur
bien serré. Nous parcourûmes un assez long
espace de chemin sans rien dire, et l'esprit
tout occupé de ce que nous avions vu ; mais,
nous fûmes bientôt frappés d'un spectacle
non moins horrible.

Nous étions à peine à la moitié de notre
course, qui me semblait déjà trop longue,
en raison de l'impatience que j'avais d'arriver
au quartier général, nous allions cependant

passablement vite sur nos traîneaux, et nous entrâmes au milieu de la nuit dans un petit village dont le nom m'échappe aujourd'hui. Lors de mon premier passage, j'y avais trouvé établi un hôpital militaire et j'y avais renouvelé ma monture; cette fois, je n'aurais pu en faire autant.

Ce jour, ou plutôt cette nuit, je ne puis l'effacer de ma mémoire, il était environ deux heures du matin lorsque je mis pied à terre devant l'ambulance. En entrant au bureau, je trouvai à la porte d'entrée deux gendarmes étendus par terre, et dont les corps étaient encore tièdes, dans l'intérieur, l'administration entière avait été égorgée. Je priai M. le colonel Rosé de m'attendre quelques instans, et je parcourus rapidement cette place pour avoir, s'il était possible, des renseignemens précis sur ce désastre qu'on n'ose pas qualifier; je ne rencontrai personne, mais je vis que tous les malades et les blessés avaient été jetés par les fenêtres de cet hospice, que leurs cadavres étaient entassés dans les cours, et que les chirurgiens avaient été assassinés sur les corps des mourans. Je rejoignis le colonel à qui je fis part de cet épouvantable massacre. C'était, à ce que nous pûmes enfin savoir avant de quitter ce village, l'œuvre détestable d'un corps de Cosaques qui venaient d'y passer.

Notre cœur fut navré à la vue de tant de malheureux égorgés sans défense; nous maudissions cette lâcheté indigne du caractère de l'homme civilisé, sans penser que nous étions exposés nous-mêmes à un pareil sort ; le colonel me le fit pressentir, et je me rangeai sagement à son avis.

Nous reprîmes promptement notre route, et avec nos petits chevaux polonais, nous fîmes vingt lieues en neuf heures de temps. Ces petits chevaux, qu'en langue polonaise on appelle Koniks et que nous nommions Konias, sont très légers à la course ; ils étaient très estimés par la cavalerie française pendant nos célèbres guerres sur le territoire polonais. Il est vrai de dire que l'ardeur et la vélocité de ces excellentes bêtes nous furent, dans maintes occasions, d'un très grand secours. Quand nous fûmes arrivés à quelques lieues de Landsberg, nous aperçûmes le grand parc d'artillerie qui tenait près de deux lieues de longueur avec la brigade qui l'escortait. Notre route se trouva obstruée en cet endroit, et nous fûmes obligés de passer sur les côtés ; nous n'avions plus devant nous que des rocs escarpés à gravir, et la neige dont ils étaient tapissés dérobait souvent à notre vue des petits sentiers qui eussent abrégé notre chemin, nous pouvions à peine conduire nos traîneaux dans des endroits si difficiles ; l'impatience s'était emparée de moi, je craignais de me laisser devancer par un aide-de-camp que le général Savary devait envoyer à l'empereur après mon départ. Je fis part de mes craintes au colonel

qui les comprit parfaitement bien ; je lui dis ,
(pour me servir d'une expression militaire), je
ne voudrais pas me laisser déborder à quelque
prix que ce fut, je vais vous laisser mon trai-
neau, j'achetterai des chevaux de Cosaques
qui sont au pouvoir de plusieurs artilleurs ; il
m'approuva. Je fis mes adieux à ce brave et
et digne colonel, et je m'élançai sur un petit
cheval sans selle que j'achetai au moment
même, et qui n'avait pour guide qu'un filet.
Je partis au galop sur les côtés en criant : Gare,
gare, place pour les dépêches de l'empereur.
J'avais à peine fait une lieue et demie que mon
cheval s'abattit de fatigue sous moi, et cela
n'avait rien de bien étonnant, la rapidité avec
laquelle je l'avais fait courir avait tué cette
pauvre bête ; j'en achetai de suite un autre,
car les chevaux de prises ne manquaient jamais
aux troupes qui se trouvaient sur la route ; il
eut bientôt le même sort que le premier, et
j'en tuai successivement sept avant d'arriver
sur le champ de bataille d'Eylau. On ne sera

peut-être pas fâché de jeter un coup-d'œil sur mon accoutrement de ce jour, j'étais en uniforme de pelisse, mon sabre au côté, des pistolets attachés avec un mouchoir à ma ceinture, un colback sur ma tête et un carrick sur mon dos ; mes longs cheveux, qui formaient habituellement la queue que nous portions encore de ce temps, flottaient épars, une partie sur mes deux épaules, une partie sur ma poitrine, et me donnaient, comme on le pense bien, un air passablement farouche ; ajoutez à tout cela que j'étais couvert de neige, et que ma chevelure était parsemée de petites perles congelées par la rigueur du froid dont j'avais eu beaucoup à souffrir dans ma route. C'est avec cette toilette de fashionnable que j'abordai l'empereur dans les plaines de Preusch-Eylau, qui allaient devenir si célèbres.

C'était le huit février 1807, jour de sanglante mémoire.

— Que veux-tu ?

Telle fut la brusque interrogation de l'empereur quand il me vit arriver au grand galop auprès de lui. Il ne me reconnaissait pas : ses sourcils rapprochés et froncés annonçaient du mécontentement ou de l'inquiétude.

— Que veux-tu ? Qui es-tu ?

— Sire, votre officier de dépêches arrivant du cinquième corps d'armée.

— Ah !.. Enfin des nouvelles !

Qui ne connaît pas ce *ah !* si éloquent dans la bouche de l'empereur ? Sa physionomie avait déjà changé d'expression, et pendant que je tirais mes dépêches pour les lui donner, il porta les deux mains à son front qui se déridait peu à peu, et s'écria d'une voix assez forte.

sans paraître s'occuper en rien de ce qui l'entourait :

— Oh ! que ma tête est soulagée !

On le voyait bien ; mon arrivée avait fait une métamorphose. Pendant qu'il lisait, je sautai à bas de mon cheval, et quand il eut fini, il me regarda avec étonnement.

— Comment, à poil ?

— Sire, je n'ai pas fait la route entière dans cette attitude : une quinzaine de lieues ne sont pas trop pour vous.

Il sourit.

— Sais-tu bien, reprit-il un instant après, que tu ne ressembles pas mal à Robert, le chef de brigands.

Et en disant cela il me toisait en riant des pieds à la tête. Et moi, j'admirais tout bas la vivacité de cet étonnant génie qui, tout plein de grandes choses, passait, comme un éclair, de la réflexion la plus profonde, à l'hilarité la plus enfantine. Je lui racontai toutes les particularités de mon long voyage, après quoi il me congédia, en me disant :

— Je te défends surtout de parler à qui que ce soit de ce que tu as vu. Il me frappa plusieurs petits coups sur l'épaule, et je vis bien en m'éloignant qu'il était content. Je l'étais aussi.

J'avais à peine fait cinquante ou soixante pas, que je rencontrai le prince Berthier et le maréchal Bessières.

— Eh bien ! quelle nouvelle ? me dirent ces messieurs.

Je me trouvai fort embarrassé à cette question ; il n'y avait cependant pas à choisir. Pour leur répondre le moins mal possible, je leur dis que l'empereur m'avait cousu la bouche.

— Oh ! c'est bien différent ! Allons, c'est bien.

Ces messieurs avaient compris mon embarras et mon silence. Je m'informai d'eux où était le régiment des chasseurs à cheval de la garde ; ils me l'indiquèrent, et comme j'allais les quitter, le prince Berthier me dit :

— Tu n'as pas de monture, je vais t'en donner une pour rejoindre ton corps.

Je l'acceptai volontiers, mais comme j'eus le bonheur de retrouver mes trois chevaux, je renvoyai presqu'aussitôt celui du prince, en le remerciant. Mes pistolets étaient couverts de neige, le prince s'en était aperçu ; il m'envoya ceux qui se trouvaient dans les fontes, sur le cheval qu'il m'avait donné à monter.

— Sers-t'en bien, me fit-il dire, et conserve-les comme un souvenir de l'estime que j'ai pour toi.

Ils m'ont beaucoup servi, et je les conserve toujours, avec le plus grand soin, comme un monument de l'estime de mes supérieurs. C'est un amour-propre qui, je crois, ne sera pas désapprouvé de mes lecteurs.

J'eus à peine le temps de me mettre en tenue, et de prendre le commandement de mon peloton, que déjà l'affaire s'engageait sur tous les points à la fois. La neige redoublait à chaque instant, et on avait toutes les peines du monde à distinguer les manœuvres des ennemis; elle devint même si épaisse en un instant qu'il y eut confusion parmi nous. Plusieurs régimens se trouvèrent emportés au milieu des

bataillons ennemis, ou combattaient corps à
corps. C'était une véritable boucherie. Napoléon donna l'ordre au maréchal Bessières de
faire une charge avec ses chasseurs à cheval,
les mamelucks de la garde et les grenadiers à
cheval sur un bataillon carré qu'avaient formé
les Russes. Mais ce carré en cachait un autre
au milieu, et nous fûmes forcés, momentanément du moins, de battre en retraite. Alors ,
nous trouvâmes devant nous dix-huit pièces
d'artillerie en batterie pour nous foudroyer.
Le danger était imminent : le général Daumesnil accourt, et m'apercevant, il s'écrie :

— A moi, Krettly, aux pièces, en avant !

J'avais entendu sa voix et compris sa pensée, j'y
fus rendu presque aussitôt que lui le reste de notre escadron nous suivit, et nous prîmes les dix-
huit pièces, après avoir sabré tous les canonniers. Cette prise fut très importante, car
notre artillerie put à son tour tirer à mitraille

sur les carrés, et nous donner la facilité d'arrêter les bataillons ennemis.

L'action continuait avec vigueur sur les autres points. Le maréchal Davoust, avec son habileté à exécuter les ordres de l'empereur, décidait le sort de la bataille en repoussant toute la gauche des Russes.

Le général Benningsen n'abandonnait pourtant pas la position qu'il occupait devant Eylau, et le corps prussien du général Lestocq, après s'être sauvé des poursuites du maréchal, vint retarder de quelques instans la perte des Russes, qui furent obligés de céder à la valeur française. Ils auraient du voir alors, que le génie de la guerre planait sur la tête des soldats français et de leur invincible chef, et au lieu du *Te Deum* qu'ils eurent l'audace de chanter, et dont nous nous sommes abstenus par respect pour le nombre des morts, ils auraient du entonner des hymnes funèbres, car leur perte était bien plus grande que la nôtre; ils avaient laissé en notre pouvoir seize drapeaux et soixante-trois pièces de canon; la terre était jonchée de cadavres, de blessés et de mourans; la neige était sillonnée par de longues traces de sang. Pourtant, la présence de l'empereur semblait encore donner de la vie sur ce terrein des morts, tout s'animait autour de lui; la garde, sous ses yeux, transportait à l'ambulance les blessés ennemis, qui lui tendaient les mains en signe de reconnaissance pour un acte d'humanité dont ils le croyaient incapable, car, d'après les aveux qu'ils nous en firent à nous-mêmes, on le leur avait peint comme un homme féroce, comme un tigre altéré de sang, et pourtant, quel guerrier fut plus généreusement humain que l'empereur? Je fus moi-même témoin d'un de ces instans d'affliction qu'il éprouvait, en pensant que tant de ses braves compagnons avaient perdu la vie dans cette affaire meurtrière.

— Je gémis, mon cher Berthier, disait-il

au maréchal, de voir mon armée dans cette situation. Mais quel courage ils ont ces hommes !

En effet, il fallait beaucoup de courage au soldat pour supporter le froid, la faim et les travaux de la guerre.

Pendant que l'empereur s'entretenait ainsi avec le prince Berthier, on relevait de ce champ du carnage les corps inanimés de deux braves généraux que l'empereur regrettait bien sincèrement : c'étaient les dépouilles mortelles du général d'Haupoult, qui commandait la division des cuirassiers, et du général Dalhmann, commandant les chasseurs à cheval de la garde impériale.

— Oh ! s'écria Napoléon, quelle perte j'ai faite ! elle est irréparable. Ce n'étaient point là des hommes d'argent ni de trahison.

Quel bel éloge pour ces deux guerriers dans la bouche de l'empereur ! Comme il était triste en prononçant ces dernières paroles ! Avait-il déjà de sinistres pressentimens sur l'avenir ? Sa tête se pencha tristement sur sa poitrine, et lorsque les cadavres passèrent devant lui, je l'entendis sanglotter ; il ôta religieusement son chapeau, puis, d'une voix étouffée :

— Salut, mes frères d'armes ! honneur aux morts d'Eylau !

Il ordonna sur le champ de rassembler le corps d'officiers et d'accompagner ces deux héros jusque dans leur dernier asile ; il ne voulut point séparer ceux que la mort la plus héroïque avait réunis : une même fosse recouvrit leurs cadavres. Les regrets de l'empereur, les larmes des soldats qui formaient le cortège, le recueillement religieux de tant de vieux militaires, les marches funèbres et les discours d'adieux prononcés sur la tombe de ces deux braves, laissèrent dans mon âme des traces de tristesse qu'augmentait encore le souvenir de l'affection particulière que me portait le général Dalhmann, depuis que je l'avais sauvé des mains des mamelucks en Égypte, affection que je partageais de bon cœur.

Il est impossible de se faire une juste idée de la position fâcheuse où était l'armée de l'empereur ; je me rappelle que dans ces douloureux momens, l'eau manquait. On en puisa partout où on put en trouver, le sang des morts et des blessés s'était mêlé dans toutes les petites excavations à cette eau déjà fangeuse de sa nature, et cette détestable boisson donna le flux de sang à un grand nombre de militaires.

Dans un de ces jours de détresse, l'empereur passait au milieu des rangs de l'armée avec son quartier général, son regard était sombre, et sa tête légèrement ininclée, on voyait qu'il souffrait. Plusieurs soldats, pressés par la faim, lui crièrent en langue polonaise :

— Papa, papa, cleba, cleba !

Ce qui signifie, du pain, du pain.

Lui, répondait d'une voix sourde et affectueuse :

— Nima, mes enfans, nima !

Je n'en ai pas, mes enfans, je n'en ai pas.

Je n'ai jamais oublié cette scène attendrissante où le cœur de l'homme perçait si bien sous les habits du grand guerrier. Je rapporte bien ses paroles, mais ce que je ne puis rendre, c'est son expression à lui, son air d'abattement, de tendresse et de grave préoccupation.

On ne sera pas étonné de voir la tristesse de l'empereur après cette sanglante bataille, en jetant les yeux sur ce fragment d'un des célèbres bulletins de l'armée : « Qu'on se figure sur un espace d'une lieue carrée, neuf à dix mille cadavres, quatre ou cinq mille chevaux tués, des lignes de sacs russes, des débris de fusils et de sabre, la terre couverte de boulets, d'obus, de munitions, vingt-quatre pièces de canon auprès desquelles on voyait les cadavres des conducteurs, tués au moment où ils faisaient des efforts pour les enlever. Tout cela avait plus de relief sur un fond de neige. »

A cette bataille, je fus nommé lieutenant en premier, porte-étendard d'honneur des chasseurs à cheval de la garde impériale.

Eylau, le 16 février 1807.

A Monsieur Krettly, porte-étendard, lieute-

*nant en second dans les chasseurs à cheval de
la garde impériale.*

Je vous préviens, monsieur, que l'empereur, par décret de ce jour, vous a nommé porte-étendard d'honneur, lieutenant en premier dans les chasseurs à cheval de la garde impériale.

Le prince de Neufchâtel.

Major général, ministre de la guerre,

M^{al.} Alex. BERTHIER.

CHAPITRE IX.

Et dans un si long intervalle ,
La parque d'une main fatale,
Arrachant de mes yeux les paisibles pavots ,
Pour moi ne fila pas une heure de repos.

Gresset.

IX.

Après la sanglante journée d'Eylau, l'empereur établit les quartiers d'hiver de son armée dans la vieille Prusse polonaise, et fixa sa résidence et celle de son état-major au château de Finkenstein.

C'est là que le génie de l'empereur se multiplia en quelque sorte pour faire face à tous les besoins de ceux qu'il appelait ses enfans, et pour lesquels il avait une véritable affection de père.

« Là, dit M. de Norvins dans son admira-
» ble histoire de Napoléon, sa sollicitude vrai-
» ment paternelle veille sans relâche sur les be-
» soins du soldat, sur les hopitaux où les vain-
» queurs d'Eylau reçoivent les secours de la
» science et de l'humanité, comme sa pré-
» voyance de général veille sur l'armement et
» l'équipement, et sur tous les détails de l'ad-
» ministration militaire : car si dans la bataille
» il ménage peu la vie de ses compagnons d'ar-
» mes, après la bataille, il compte leurs bles-
» sures. C'est dans ces quartiers généraux con-
» quis par la victoire que Napoléon s'occupait
» à recruter, parmi les soldats, les officiers
» qu'il avait perdus, et à accorder, en récom-
» pense de leur courage, des grades et des dé-
» corations à tous les braves qui s'étaient dis-
» tingués. Sa justice prompte et éclairée cou-

» vrait ainsi cette inflexible politique de la
» guerre qui doit constamment remplir les
» rengs que la mort a éclaircis. De nombreu-
» ses promotions datées des quartiers géné-
» raux de Berlin, de Posen, de Varsovie, de
» Pultusck, de Preusich-Eylau, Liesbadt,
» Osterode, Finkenstein, payèrent les dettes,
» réparèrent les pertes de tous les combats de-
» puis la journée d'Iéna. De ses résidences
» guerrières où Napoléon dispensait largement
» les reconnaissances de la patrie à nos ar-
» mées, partaient aussi les décrets qui devaient
» assurer la prospérité et la discipline inté-
» rieure. »

Je fus moi-même témoin des nobles travaux
de l'empereur pendant son séjour à Finkenstein, ils ont excité en moi une si grande admiration que je me serais taxé d'ingratitude en
les passant sous silence, et ils étaient si
beaux, si magnanimes, que je craignais de ne
pas rendre ma pensée ; je les ai trouvés si par-

faitement exacts, si fidèlement peints dans le tableau ci-dessus, que j'ai cédé au charme qui m'a irrésistiblement entraîné à les copier.

Pendant que Napoléon s'occupait activement à faire prendre du repos à ses soldats, le maréchal Lefebvre assiégeait Dantzick et se rendait maître de ce port militaire d'une si grande importance sur la mer Baltique et recevait de l'empereur, en éhange de ses services le glorieux titre de duc de Dantzick.

Quelque temps après la prise de cette importante place, j'étais officier de piquet auprès de sa majesté, il faisait une belle matinée de printemps, tout invitait l'empereur à faire une promenade dans le joli parc du château, aussi s'y dirigeait-t-il paisiblement, accompagné du prince de Talleyrand, des maréchaux Duroc, Lannes, Bessières, et du prince Berthier, chef d'état-major de la grande armée; il m'avait ordonné de marcher à deux pas et demi derrière lui, et le piquet devait se tenir à cinq pas de moi ; j'étais assez près de lui pour entendre toute la conversation qu'il eut avec ces messieurs. Si, à mon grand regret, je ne l'ai pas retenue entière, je puis du moins mettre sous les yeux du lecteur les deux traits qui m'ont le plus frappé et qui ne me sont jamais sortis de la mémoire.

On parla d'abord de la gloire récente dont le vieux maréchal Lefebvre venait de se couvrir, et de la prise de Dantzick. C'était au siége de cette ville que, pour la première fois, un officier français attaché à l'état-major avait été infidèle à sa patrie et à l'honneur, en désertant la cause de l'empereur pour passer du côté des Prussiens. Le prince de Talleyrand s'indignait de cette lâcheté, qu'il devait lui-même avoir plus tard, et s'exprimait en termes énergiques pour qualifier cette action infâme : Je ne comprends pas, disait-il à l'empereur, qu'il y ait un traître parmi nous.

Napoléon lui frappa alors sur l'épaule, et lui dit doucement et finement :

— Ce n'est rien que cela Talleyrand, si je n'étais trahi que quinze fois par jour, cela ne m'empêcherait pas de marcher en avant.

Je ne pus voir son expression, mais au son de sa voix, à la modération avec laquelle il prononçait ses paroles, il devait avoir une physionomie maligne et spirituelle. Après sa réponse, il se fit un silence que le prince de Talleyrand rompit le premier pour lui parler de son conseil privé. Là, l'empereur lui dit avec cet abandon que lui connaissent tous ceux qui l'ont vu quelquefois dans l'intimité :

— Eh bien ! Talleyrand, savez-vous que quand je sors de mon conseil privé, j'ai encore besoin de celui de ma Joséphine.

Cependant, les journées s'écoulaient rapidement dans ce séjour enchanteur, et les ennemis, qui avaient employé ce temps à réparer leurs désastres, se trouvèrent prêts à recommencer vers les premiers jours du mois de juin ; ils eurent l'audace de nous attaquer jusque dans nos cantonnemens, mais comme on no cherche jamais en vain les soldats français, ils eurent à se repentir de leurs attaques imprudentes ; nous les repoussâmes de jour en jour sur tous les points.

L'aube du 14 juin commençait à peine à paraître, que l'empereur, entendant le grondement du canon, s'écria tout joyeux : C'est un jour de bonheur, c'est l'anniversaire de la bataille de Marengo !

C'était la journée de Friedland !

Le pronostic de l'empereur se réalisa pour les Français d'une manière bien satisfaisante :

16

car, le résultat de cette bataille fut terrrible pour l'ennemi; la terre était jonchée de morts, parmi lesquels les Russes et les Prussiens comptaient dix-sept mille des leurs. Soixante-dix pièces de canon, quelques drapeaux, un nombre infini de caissons et vingt mille prisonniers furent le prix de la valeur de l'armée de Napoléon. Heureux, mille fois heureux, si le chef de cette armée redoutable eût été moins généreux après cette victoire et eût profité de l'enthousiasme de ses troupes qui demandaient à grands cris de nouveaux combats.

Silence !....

La barque de l'empereur flotte sur le Niémen, la paix est signée.

Dans cette mémorable journée, je n'eus aucune affaire particulière qui mérite d'être mentionnée ici. Je me battis bien, voilà tout, mille autres en ont fait autant. Cependant, je rencontrai l'empereur sur le champ de bataille, il me fit signe de m'approcher :

— Je suis content de toi, me dit-il ; puis, me prenant par le menton : Je n'ai plus d'armes d'honneur à te donner, tu les as toutes épuisées, coquin, je te donnerai quelque chose de moins glorieux, sans doute, mais de plus solide pour élever ta famille.

En effet, je reçus au premier février 1808, pour récompenser, disait l'empereur, les services que je lui avais rendus dans le cours des campagnes d'Ulm, d'Austerlitz, d'Iéna et de Friedland, une rente de cinq cents francs, sur le *Monte Napoleone,* sur le fonds de un million deux cent mille francs, qu'il s'était réservé pour les braves de son armée.

Pendant la conférence des deux empereurs, le maréchal Bessières fit partir trois détache-

mens des chasseurs à cheval de la garde, avec
ordre de se rendre à grandes journées à Dresde
et à Leipsick, s'il était possible. Ses ordres fû-
rent exécutés ponctuellement, et l'empereur,
qui partit presque aussitôt que nous, ne fût
pas peu étonné de rencontrer de ses chasseurs
à Dresde.

— Encore toi! me dit-il en arrivant, mais
on te trouve partout. Allons messieurs, dit-il
en s'adressant à tous, c'est très bien, vous
voyagez comme des hirondelles.

Il entra au château et nous partîmes de suite
pour éclairer la route jusqu'à Leipsick, où
l'empereur ne fit que passer. Nous formâmes
alors son escorte. Le prince Murat était avec lui
dans sa voiture, et nous avions reçu un ordre
formel de ne laisser approcher personne; nous
marchions avec la rapidité de l'éclair. Nous arrivâmes en fort peu de temps à une assez jolie
petite ville, située à six lieues de Leipsick, dont

je ne me rappelle pas le nom , et où était l'état-
major de la division saxone ; une quantité
d'officiers supérieurs se pressèrent en foule
sur le passage de l'empereur, et nous accom-
pagnèrent jusqu'à près de trois lieues. Un
général saxon, décoré d'un cordon bleu, s'a-
vançait continuellement auprès de la voiture de
l'empereur ; je lui fis observer, avec les
formes les plus polies que je pus employer,
qu'il forçait ma consigne ; il ne tint aucun
compte de mes paroles ; je réitérai mon observation , ce fut encore en vain, car il s'approcha
si près de la voiture que l'empereur s'en aperçut. Il m'appela brusquement. Je vis bien ,
avant d'arriver à lui , qu'il était contrarié.

— F... bête, me dit-il poliment, as-tu
oublié les ordres qu'on t'a donnés ?

Je ne voulus pas en entendre davantage ;
j'étais contrarié à mon tour, et sans répondre
un seul mot, je tournai bride rapidement, et

j'arrivai d'assez mauvaise humeur auprès du général. Je le priai, pour cette fois un peu moins poliment, de se retirer ; voyant qu'il ne s'en dérangeait pas davantage, je me laissai aller à l'impatience ; avec cela les paroles de l'empereur me bouleversaient un peu la tête. Je lançai mon cheval pour faire reculer l'opiniâtre général ; mais la secousse qu'il en éprouva fut si violente, qu'il tomba dans un fossé qui bordait un bois assez épais. J'eus du regret sur le champ d'avoir été si brusque ; je lui fis mes excuses, et repris mon poste à la tête de la portière sans m'inquiéter si le général saxon ne me donnait pas quelques bénédictions.

Non loin du lieu où se passa cette petite scène, l'empereur nous donna l'ordre de retourner dans le Hanovre. Nous y goûtâmes un peu de repos, et bientôt nous fûmes à même d'oublier les fatigues que nous avions éprouvées. L'officier français était reçu au sein

d'une aimable et brillante société. Le commerce des dames était surtout très-agréable ;
elles rivalisaient presque d'affabilité avec nos
aimables Françaises, et prenaient, pour ainsi
dire, à tâche de nous rendre inconstans. Véritablement, je crois que de tous temps la
chose n'a pas été difficile, surtout dans la
spécialité militaire. Nous en demandons pardon à nos belles compatriotes; mais ce fut la
faute des beautés hanovriennes. La réputation
de bravoure qui précédait le corps des chasseurs à cheval de la garde impériale, partout
où nous passions, nous avait déjà préparé des
conquêtes plus paisibles que celles du champ
de bataille. La rudesse des hommes de ce pays
contribua peut-être aussi beaucoup à nos succès galans. Des dames trouvaient un contraste
frappant entre eux et nous, et quelques-unes
d'entre elles s'en expliquèrent assez ouvertement. En effet, je puis dire sans vanité, que
le parallèle une fois établi, la comparaison
penchait toujours en faveur du soldat cour-

tois de la France. On me pardonnera cette petite digression que je mets ici plutôt comme une légère esquisse de mœurs que comme une vanité particulière dont l'objet contrasterait par trop avec mes cheveux blancs.

Pour moi, j'abandonnerai toutes ces voluptés à la voix du devoir, et sur un ordre du maréchal Bessières, je partis en dépêches pour Paris, quinze jours avant que le régiment ne reçut lui-même l'ordre de s'y rendre. A peine avais-je revu les bords de la Seine, que la maladie vint m'atteindre ; elle m'avait respecté jusque là, et ce n'était véritablement pas dommage ; mais elle se vengea cruellement de m'avoir oublié dans ses rondes précédentes. Cela ne paraîtra pourtant pas étonnant si l'on compte toutes les blessures que j'avais reçues depuis plusieurs années, et notamment depuis deux ans ; si l'on pense bien que toutes ces mêmes blessures se guérissaient à cheval et étaient sillonnées par de nouvelles pour les-

quelles je ne faisais pas plus de cérémonie que
pour les anciennes; si l'on examine que les
fatigues, les travaux, les marches forcées, les
privations, le froid et la faim étaient l'apa-
nage du soldat... Je dus succomber; aussi je
crus un moment que j'allais faire ma dernière
campagne, la campagne inévitable dans laquelle le courage est inutile et où les plans les
mieux combinés sont détruits comme un château de cartes au souffle d'un enfant. Des vomissemens de sang continuels m'affaiblirent
étonnamment dans un court espace de temps.
Je me voyais mourir... Comme je maudissais
alors mon étoile qui m'avait conduit sain et
sauf sur les champs de batailles, ou du moins
avec quelques légères égratignures en comparaison de la mort, et qui ne me ramenait dans
ma patrie que pour me montrer un tombeau!
Comme j'enviai le sort de mes compagnons
d'armes moissonnés glorieusement au champ
d'honneur, tandis que ma mort était sans
gloire! J'aurais, je crois, préféré avoir à mes

trousses un régiment de Cosaques ou une nuée
de Bedouins contre lesquels j'aurais pu me défendre. Mon heure n'était pas encore sonnée...

Après de longues et cruelles souffrances, le
mal diminua peu à peu ; je pus enfin respirer,
et l'espoir vint ranimer un peu mon âme défaillante. Toutes les personnes qui ont connu
mon caractère de soldat, ne seront point éton-
nées de me voir appréhender à cette époque
une mort paisible. J'aurais eu véritablement
du regret de mourir dans un lit, quand je
croyais ma place marquée en face de l'ennemi.
Je me rétablis donc bien lentement au gré de
mon impatience, et j'entrai enfin en convales-
cence ; mais les forces me manquaient à chaque instant, et cet état de langueur dura fort
long-temps. L'empereur, depuis le commencement de ma maladie, ne cessa de s'informer
de ma santé ; et, comme il me portait un vif
intérêt, il m'envoya ma retraite au dix-neuf
octobre 1808.

Quand je fus le remercier de sa bienveillante sollicitude pour moi, il me dit avec bonté :

— Tu as besoin de repos ; eh bien, rétablis-toi parfaitement ; mais souviens-toi, ajouta-t-il avec aménité, que si j'ai besoin de tes services, quand tu seras en bonne santé, je ne te donne aujourd'hui qu'un congé sans valeur.

Sire, vous venez d'exprimer ma pensée toute entière ; je suis heureux qu'elle soit aussi la vôtre. Vous le savez, ma vie vous appartient, et j'aurais eu du chagrin si vous m'eussiez rayé sans retour de la liste de vos chasseurs à cheval ; j'aurais cru à une disgrâce : c'est assez d'avoir à regretter que ma faible santé me force d'accepter un congé.

— Que l'on ne vous donne, monsieur le susceptible, répartit l'empereur, que pour modérer une impatience de malade qui empêche votre parfaite guérison.

— Je restai confondu de tant de bontés, je ne savais plus comment m'exprimer, et lui, prenait plaisir à jouir de mon embarras.

— Mauvais soldat de cour, me dit-il en riant, puis il ajouta avec malignité : Avoue que tu tiendrais mieux un cierge qu'une épée aujourd'hui. Et il se frottait les deux mains avec satisfaction, car il aimait assez à nous taquiner quand il était de bonne humeur. Je ne pus m'empêcher de rire, son idée me semblait vraiment comique.

Je restai plus de deux ans malade, passant alternativement quelques journées sans souffrir, quelques autres dans le plus grand malaise. Au bout de ce temps, je me trouvai assez bien guéri ; je sentis même se rétablir mes forces de jour en jour, et avec elles, le désir d'affronter de nouveaux périls et d'acquérir de nouvelle gloire.

Je ne tardai pas à m'ennuyer d'un repos forcé, et cela n'a rien de bien étonnant, car, à la vie active des camps, avait succédé une vie de langueur qui me devenait intolérable.

J'allai trouver l'empereur, qui me fournit l'occasion de me distraire un peu de ma mélancolie, en me faisant faire plusieurs voyages pour remplir d'honorables missions dont il me chargeait par intervalle ; mais je ne pus supporter long-temps la route, les vomissemens de sang me reprirent avec violence, et je sentis alors que la maladie qui s'acharnait à ma personne, allait rendre définitif le congé que Napoléon ne m'avait donné, disait-il, que pour un temps.

CHAPITRE X.

Hélas! grands et petits, et sujets et monarques,
Distingués un moment par de frivoles marques,
Egaux par la nature, égaux par le malheur,
Tout mortel est chargé de sa propre douleur:
Sa peine lui suffit...

Voltaire.

X.

Pendant que je me débattais, avec la maladie opiniâtre qui semblait m'avoir pris pour sa victime, l'empereur Napoléon plaçait sur la tête du bon Joseph, son frère, la couronne d'Espagne que cet excellent prince était si digne de porter. En d'autres circonstances et avec sa douceur, ses vertus civiques, et surtout l'amour des populations espagnoles, le vertueux frère de Napoléon aurait régné paisiblement et sans entraves.

Je ne suivrai pas, du chevet de mon lit, la marche triomphale de mes frères d'armes en Espagne ; je m'associerai seulement en pensée à leurs succès divers , et je formerai des vœux pour que leurs armes soient bénies.

Ils eurent le temps de se battre, et moi, de réfléchir.

Je restai deux ans entiers dans un état de souffrance horrible, qui me fit regretter bien des fois de n'avoir pas succombé sur un champ de bataille. Il est vrai de dire ici, pour me servir d'une expression usitée, que j'étais un fort mauvais malade. A en croire les paroles de mon docteur, je retardais, par mon impatience, l'instant de ma guérison.

Quoi qu'il en soit, je me rétablis assez bien, mais craignant de retomber une seconde fois, je résolus de renoncer aux fatigues de la guerre, et de rentrer dans la vie privée. Une difficulté s'offrait d'elle-même : Que ferais-je dans le monde? J'avais assez d'aisance pour y vivre en repos ; mais le repos fut toujours mon ennemi mortel ; et d'ailleurs, j'avais une nombreuse famille dont il fallait assurer l'avenir.

Je pensai qu'il était sage d'aller trouver l'empereur, et de lui demander un emploi en harmonie avec mes goûts.

Je ne crus pas mieux choisir qu'en sollicitant une sous-inspection dans les eaux et forêts.

L'idée d'adresser une pétition à l'empereur ayant été arrêtée dans ma tête, je me mis en devoir de la rédiger moi-même.

Ce ne fut pas long, car j'abordais les questions d'une manière assez laconique. La prolixité m'a toujours apporté de l'ennui; d'ailleurs, je savais que l'empereur n'aimait pas les périphrases dans la bouche d'un soldat.

Ma demande étant terminée, il fallait d'abord attendre que Napoléon fût de retour à Paris, et qu'une occasion favorable se présentât.

Elle ne se fit pas long-temps désirer.

Ce fut au commencement de mai 1812. L'empereur jouissait dans sa capitale des délices d'une paix qui ne devait pas durer long-temps.

J'entendis parler d'une partie de chasse qui devait se faire à Gros-Bois, et je pris la résolution de me rendre sur la route, afin de me trouver sur son passage.

C'était pour moi une joie inexprimable de revoir l'empereur après une si longue absence. J'avais le cœur agité d'une foule de sensations diverses qui me rendaient mélancolique. J'aurais eu beaucoup de peine à définir ce qui se passait dans mon âme.

En quittant le régiment, j'avais conservé ma charmante Fanny, petite jument arabe que j'avais élevée moi-même, et pour laquelle j'avais un véritable attachement. Bien antérieurement à l'époque dont je parle, et dans les courts instans de loisir que me laissaient les travaux militaires, je l'avais dressée à exécuter plusieurs tours d'adresse, et à faire quelques gentillesses récréatives. On sait que pour un grand nombre de cavaliers, c'est un passe-temps agréable que l'exercice enfantin d'instruire leurs coursiers.

Entre autres talens, ma petite Fanny avait l'adresse de saluer l'empereur gracieusement.

mais depuis un siècle, elle n'avait pas eu cet honneur. Je voulus mettre encore une fois sa gentillesse à réquisition, et après lui avoir fait faire plusieurs répétitions de son antique rôle, et m'être assuré qu'elle n'avait rien perdu de son aplomb d'autrefois, je me dirigeai avec elle vers Choisy-le-Roi où l'empereur devait infailliblement passer.

Il faisait une belle journée de printemps ; la campagne offrait à l'œil charmé un aspect riant que je n'avais presque jamais songé à contempler, et qui produisit en moi, ce jour-là, une sensation pour ainsi dire nouvelle. Le soleil dardait avec force ses rayons naissans et vivifiait tout ce qui s'offrait à ma vue. La nature entière semblait annoncer un jour de fête.

Je trouvai à Choisy-le-Roi un piquet de chasseurs à cheval de la garde impériale, et des gendarmes qui bordaient la route, et qui voulurent, avec assez de raison, m'empêcher de passer ; je leur obéis momentanément, mais une fois que les cris multipliés de vive l'empereur ! m'eûrent annoncé que la voiture impériale approchait, je n'eus plus à délibérer, et sans avoir égard à la défense de ces messieurs, je m'abandonnai à ma petite Fanny, et la rapidité avec laquelle elle traversa la route, trompa tous les argus de rigueur qui demeurèrent stupéfaits de mon audace.

J'arrivai donc au grand galop près de la voiture de l'empereur qui était accompagné du général Caulaincour. Lorsque je fus tout près de la portière, je criai à mon obéissante jument :

Allons, Fanny, salue l'empereur.

Elle se cabra aussitôt, en agitant élégamment ses deux pieds de devant, et rendit son hommage à Napoléon, flatterie innocente qui n'eut jamais, on peut m'en croire, aucune importance politique.

— Qu'est-ce que c'est que cela, dit l'empereur avec vivacité ?

— Sire, un de vos plus anciens guides.

— Comment t'appelles-tu ?

Je restai un peu de temps étourdi de sa dernière question, et je ne lui répondais pas, tant j'étais étonné qu'il eût oublié mon nom. Je me crus horriblement changé, et certes, on n'aurait pas eu beaucoup de peine à me persuader que j'étais encore malade. Je ne pensais pas en ce moment que j'étais en habit bourgeois, que l'empereur ne m'avait jamais vu qu'en tenue de soldat, et que depuis deux ans, il ne m'avait pas vu du tout. Ma réflexion fut rapide, celle de l'empereur ne le fut pas moins.

— Eh mais ! c'est mon pauvre Bamboche, s'écria-t-il !

— Oui, sire, votre ancien trompette-major.

— Sais-tu que tu as forcé la consigne, et que tu mériterais la salle de police.

— C'est précisément ce que je vous demande, sire, la salle de police pour retraite.

L'empereur sourit.

Je lui présentai mon placet, il le prit, et après avoir lu, il me dit :

— Tu ne veux donc pas rester en repos ?

— Pardon, sire, mais j'attraperai la goutte si je ne bouge plus.

— Toujours le même, reprit-il en souriant,

une sous-inspection dans les eaux et forêts....
Soit.

Il le signa, et en le remettant au général Caulaincour, il lui dit :

— Écrivez, Caulaincour , accordé dans les vingt-quatre heures.

Le général me remit ma pétition en bonne forme, et moi, je remerciais l'empereur de bon cœur, en termes bien simples peut-être, mais bien sincères ; et comme je me retournais, le piquet des chasseurs à cheval de service qui était en bataille devant la voiture fit un mouvement de joie. Les soldats me tendirent tous la main en signe de fraternité, et les officiers me sautèrent au cou. C'étaient tous d'anciens camarades qui étaient satisfaits de me revoir, et que j'étais joyeux d'embrasser.

Ce jour fut pour moi un jour de bonheur, et pour eux, un jour de fête.

Les administrations, dans tous les temps, marchent bien plus lentement que la parole du chef; aussi, je fus quatre mois entiers sans pouvoir obtenir ce qui m'avait été accordé si gracieusement par sa majesté, en récompense de mes services passés, et encore ne me donna-t-on que le grade de garde-général des eaux et forêts à Montélimart. Il est vrai de dire que la sous-inspection n'était pas vacante; et d'ailleurs, vivant sans ambition, je n'eus pas même la pensée de faire une réclamation.

Je pris donc enfin possession de ma place dans le département de la Drôme, où je me rétablis parfaitement de mes blessures et de mes fatigues militaires, en songeant toujours à celui que, momentanément du moins, je ne pouvais plus servir.

Je suspendis à regret aux parois de ma demeure solitaire des armes chéries que j'avais
portées pendant si long-temps pour l'honneur
de ma patrie. Je me dépouillai de mon habit
d'uniforme des chasseurs à cheval de la garde
impériale, pour endosser le vêtement bourgeois que j'avais si peu porté depuis ma naissance; je devins, en un mot, un paisible habi-
tant de la cité.

Quel changement dans mes mœurs, dans
mes habitudes, dans mes idées! Je fus long-
temps à pouvoir fixer ma pensée sur la réalité
de cette transformation; j'entretenais volontairement l'illusion que j'étais toujours soldat.
Vingt fois par jour, ouvrant avec brusquerie
les deux battans de mon armoire ou pendaient
dans l'inaction les vieux témoins de mon ardeur militaire, je leur reprochais tout bas leur
destinée paresseuse, comme s'ils eussent été
coupables; quelquefois même, en voyant l'i-
névitable poussière s'attacher à ma pelisse, je

devenais tout joyeux en pensant que c'était la poussière qu'avaient soulevée les pieds des chevaux de nos ennemis.

Pourquoi donc l'homme caresse-t-il toujours ainsi sa chimère? Les passions humaines sont-elles donc une folie qu'on ne peut éviter? Ne sont-elles pas plutôt les amies inséparables de notre bonheur?

J'éprouvais un vague intérieur dont je n'étais pas le maître : je devins bientôt pour moi-même une énigme indéchiffrable.

Que me manquait-il cependant ?

Mon existence était assurée; j'aurais dû trouver le bonheur au sein d'une famille que j'aimais. Les nuits du bivouac avaient été remplacées par des nuits plus paisibles; la voix brusque de l'empereur, par la voix beaucoup plus douce d'une compagne; les jurons redondans et sonores des vieux grognards, par les expressions mignones de mes jeunes enfans ; enfin, aux froids, aux intempéries des saisons, à la faim et aux fatigues de toute espèce avaient succédé un bon feu, un abri sûr, une table bien servie, et un lit de repos.

Que me fallait-il donc pour être heureux ?

Je ne saurais le définir, si ce n'est par ce proverbe vulgaire : L'habitude est une seconde nature.

Cette idée paraîtra peut-être puérile au premier coup-d'œil, mais en examinant à fond la question, on sera aisément convaincu de sa justesse. Quant à moi, j'y trouve deux nuances essentiellement distinctes l'une de l'autre. La première est morale de sa nature, l'autre, purement physique.

On se rappelle que Napoléon, en Syrie, m'avait fait grâce de la peine capitale que j'avais encourue par ma rébellion envers un supérieur. Cet acte de générosité avait séduit mon âme, convaincu ma raison et excité mon enthousiasme pour l'homme qui savait pardonner si généreusement. Aussi, dès ce moment, je fis le serment secret, mais solennel de lui vouer mon existence tout entière. Avant cette époque, je n'avais fait que l'admirer; depuis, j'eus pour lui une sorte de culte religieux qui s'accrut de jour en jour, d'année en année, à mesure que le héros grandissait aux yeux de l'Europe, et dans l'estime de ses soldats. C'est ainsi que l'habitude de sa présence, et que la série de ses belles actions, qui s'enchaînaient les unes aux autres, avaient rendu Napoléon une nécessité pour ses braves. C'est ainsi que je dus me trouver dans l'isolement, du moment où un autre genre d'existence me tenait éloigné de lui.

L'autre nuance, considérée sous le rapport

physique, n'est rien autre chose que l'histoire
de la vie humaine. Il est facile de concevoir
qu'un vieux soldat qui a passé plus de vingt
ans à courir sur les traces de nos ennemis,
qu'un voyageur dont la vie ambulante ressemblait assez à celle des peuplades nomades du désert, qu'un homme dont l'enfance, la jeunesse
et l'âge viril s'étaient développés au milieu des
combats, il est facile de concevoir, dis-je,
que cet homme qui avait eu une existence
aussi laborieuse, dut être étonné de se voir au
sein de la vie privée, enchaîné par des devoirs
nouveaux auxquels, on le conçoit bien, il avait
de la peine à se familiariser.

Il me fallut pourtant supporter patiemment
ma condition nouvelle, telle que me l'avaient
faite les événemens et la maladie.

Pour me dédommager de cette manière de
vivre tout à fait insolite, je suivais sur ma carte
géographique les routes diverses que parcou-

rait l'empereur avec mes anciens compagnons;
je me plaisais à deviner les champs d'honneur
où ses éternels adversaires lui donneraient
rendez-vous. Je combinais les chances de la
guerre; j'entendais les sublimes proclamations
de Napoléon à ses troupes; je nourrissais, en
un mot, cette fièvre guerrière qui me dévorait; je consultais chaque jour les feuilles
publiques que je croyais susceptibles de me
donner les renseignemens les plus positifs. Je
le suivis ainsi pas à pas du fond de mon cabinet. Oh! comme mon âme tressaillait de joie
à la lecture de ses nouveaux triomphes!.. joie
éphémère qui cachait tant de barbarie sous
une enveloppe de félicité !

Bientôt arrivèrent les jours d'amertume, de
déception, de revers. Je pleurai comme un enfant qui comprend la douleur de sa mère;
j'accusai le ciel, les élémens déchaînés, la nature entière en un mot, et je m'agenouillai
pour demander à l'être suprême de ne pas

abandonner nos drapeaux. Ma prière était fervente, elle aurait dû être exaucée. Mais hélas! j'appris bientôt les désastres trop véritables de de l'armée française, et les efforts inouïs de l'empereur et de ses braves au milieu des glaces et des neiges de la Russie.

La mort planait, comme autrefois la victoire, au-dessus de nos bataillons, et le sol ennemi fut jonché de morts français. La patrie était en deuil. Napoléon lui arracha son crêpe funèbre par les mémorables journées de Lutzen, Bautzen, Wurtschen, Dresde et Leipsick; mais bientôt elle devait le reprendre. La victoire était-elle donc fatiguée de suivre la fortune du grand guerrier pour l'abandonner ainsi tout à coup?

La défection presque spontanée de ses alliés frappa de mort toutes ses conceptions militaires les plus sublimes. Les Saxons surtout se couvrirent de honte en passant à l'ennemi.

Ce n'était là qu'un commencement de malheur.

Eux, du moins, n'étaient pas Français ; ils manquèrent à leurs sermens, voilà tout ; l'histoire fourmille de semblables exemples.

Mais un autre genre de déception se prépare.

L'année 1814 se hâte de peser de tout son poids sur notre patrie, et ceux que l'on a pris l'habitude de nommer les alliés, marchent au pas accéléré vers la France.

Tout ce que j'éprouvai de douleur, à la nouvelle de la reddition de Paris, ne peut se dépeindre : tous les déchiremens de cœur que ressentit Napoléon, depuis ce triste moment, bouleversèrent aussi mon âme. J'aurais voulu anéantir les traîtres qui l'avaient abandonné si lâchement, des hommes couverts comme moi de ses bienfaits, des hommes qui de simples soldats pour la plupart, s'étaient placés au premier rang dans la hiérarchie militaire, des hommes en qui il avait mis ses plus chères espérances ! Il y a du dégoût dans cette pensée affligeante.

J'étais dans un délire effrayant ; j'aurais voulu pouvoir marquer d'un stigmate d'infamie ces ingrats de haut parage. S'ils ont fait pendant long-temps la gloire de la France, leurs turpitudes d'alors en a bien terni l'éclat. Une longue carrière d'honneur est souvent perdue par une heure de mauvaise réflexion, et par un seul instant de faiblesse.

Enfin les étrangers étaient entrés hideusement triomphants dans la capitale de notre malheureuse France... Jour d'horrible souvenir.

Oh ! si l'on savait tout ce qu'il y avait encore de nobles élans dans le cœur de tous les vieux braves ! Si l'empereur étourdi d'un choc si nouveau pour lui, avait pu reconnaître la sympathie des masses ! Dans la nouvelle sphère où je me trouvais placé, j'avais fait quelques connaissances nouvelles, et j'étais à même de connaître les sentimens généraux sur le malheur du grand capitaine.

Mais qu'importe pour Napoléon la bienveillance populaire : les idées politiques sont en présence !

C'est une guerre civile qui pourrait le sauver !

Son invincible horreur pour les divisions intestines ne lui permet pas de balancer.

Respectons un aussi grand sacrifice, car c'est par là qu'il a su s'élever au-dessus de tous les rois. Que son nom, depuis long-temps immortel, et comme grand législateur. et comme pre-

mier capitaine de son époque, s'est rendu sublime, en faisant taire ses intérêts privés devant les intérêts de sa patrie. Cette action ma-
gnanime forme une antithèse bien marquée
avec ces idées étroites d'ambition personnelle
que lui prête, sans réflexion, un vulgaire
indolent, qui juge tout et n'approfondit
rien. Napoléon était philosophe et guerrier.
Il est tombé dans l'exil comme un pilote après
un orage sur un rivage lointain. La mer s'était
grossie; tout à coup il avait vu ses matelots,
après vingt ans de voyages, s'effrayer à l'approche de l'ouragan, se sauver l'un après l'autre
sans honneur sur de frêles barques, et l'abandonner seul au moment du péril. C'est en vain
qu'il voulut faire face à la tempête... le vaisseau pouvait périr et causer la mort à tous les
passagers qu'il avait pris à son bord. Il se dé-
voua pour le bien de tous.

Cependant les Autrichiens arrivaient en foule
près du pont de l'Isère et de Romans, et moi,

je ceignis de nouveau ce sabre si beau de souvenirs qu'il m'avait donné dans la vallée de Josaphat, et j'étais prêt à mourir pour l'honneur de la France et la défense du trône de Napoléon, qu'il avait reçu si glorieusement par le vœu non équivoque de la majorité de la nation française, et que bientôt il allait perdre par l'intrigue extraordinaire de quelques ambitieux, et l'amour du repos qui était entré dans le cœur de plusieurs de ses guerriers abâtardis par la jouissance des richesses qu'il leur avait octroyées.

Dans ces momens d'alarmes, le maréchal Augereau ordonna de brûler le pont de l'Isère. Ce fut alors que se réunirent tous les vieux braves des deux départemens de l'Isère et de la Drôme. Ils voyaient chanceler la fortune du grand homme qu'ils avaient servi pendant tant d'années, et pour lequel la moitié de leur sang avait déjà coulé.

Ils voulurent verser pour lui l'autre moitié.

Nous nous entendîmes donc tous ensemble, et nous prîmes la résolution de nous former en corps-francs, et de disputer les passages de notre pays à ceux qui, naguère, n'avaient pu arrêter chez eux la marche triomphante de nos troupes. Nous formâmes nos compagnies in-cognito.

Si vous aviez entendu les éloquens discours de ces hommes sans éloquence! les énergiques paroles de ces vieux soldats mutilés et aux cheveux blancs... Ces paroles ne meurent jamais, elles vibrent encore dans mon âme.... Elles étaient dévorantes, brûlant du feu de la jeunesse. Tous voulaient mourir pour lui... Hélas! tous ont vécu...

Quant à moi particulièrement, je caressais au fond de mon âme l'idée que l'empereur se jetterait en-deça de la Loire, qu'il viendrait se mettre à la tête de ses armées qui se battaient encore dans le Midi pour les intérêts de sa cause. Je pensais qu'il opèrerait la jonction de ses troupes, qui n'auraient pu manquer de s'accroître considérablement dans sa route, avec les troupes que commandaient le prince Eugène, le maréchal Soult et le maréchal Augereau. J'espérais encore une fois me battre pour lui et sous ses ordres. La maladie avait disparu entièrement ; mon corps avait recouvré ses forces d'autrefois, et le malheur de l'empereur avait doublé mon énergie du passé. J'avais revêtu mes vieux habits qui sentaient encore la poudre autrichienne et russe. J'avais ceint mon armure avec la conviction d'un homme qui doit mourir pour une noble cause. Je comptais augmenter l'armée de l'empereur de tout ce que j'aurais pu lever d'hommes en son nom. Je n'avais pas besoin de mandat, et j'espérais, par mes propres forces, obtenir une levée assez considérable. L'enthousiasme parlait encore pour lui au milieu des masses, mais il n'y avait plus de sympathie dans le cœur de ceux qu'il avait fait monter sur les plus hauts échelons de la profession militaire.

« Marchons vers les Alpes, leur avait-il dit, l'Italie est une retraite digne de moi : Veut-on m'y suivre ? »

Ceux qui auraient dû répondre à ce noble appel, gardèrent un lâche silence, et quelques jours plus tard se rédigeait l'acte de son abdication absolue.

« Les puissances alliées ayant proclamé que l'empereur Napoléon était le seul obstacle au rétablissement de la paix en Europe, l'empereur Napoléon, fidèle à son serment, déclare qu'il renonce pour lui et ses héritiers aux couronnes de France et d'Italie, et qu'il n'est aucun sacrifice personnel, même celui de la vie, qu'il ne soit prêt à faire pour l'intérêt de la France. »

Cette renonciation volontaire à la couronne de France et d'Italie est un grave sujet de méditation pour la population entière de l'Europe, et surtout pour ceux qui sont toujours tentés de remettre en question son inaltérable amour pour la France.

Il aurait pu encore, en ce moment, exciter au plus haut degré ce fanatisme militaire qu'il avait tant de fois réveillé en nous, quand il nous conduisait au-devant des phalanges ennemies, et qu'il se battait pour la patrie.

Aujourd'hui, cette exaltation sacrée, ce sublime délire, sont nécessaires pour lui, pour l'impératrice, pour son fils ; mais son fils, l'impératrice et lui, ne sauraient entrer en balance avec l'idée de rendre la France malheureuse par son ambition de régner. C'est un froid

égoïsme au-dessus duquel s'élève glorieusement le génie de Bonaparte; il cède généreusement à sa conscience, et accomplit ainsi le
plus bel œuvre de civisme que les annales françaises puissent transmettre aux races futures.

« Du moment qu'il ne s'agit plus que de ma
personne, écrivait-il au duc de Vicence, il n'y
a plus de traité à faire : je suis vaincu ; je cède
au sort des armes. Seulement, je demande à
n'être pas prisonnier de guerre, et pour me
l'accorder, un simple cartel doit suffire; d'ailleurs, il ne faut pas une grande place pour en-
terrer un soldat.

Cependant, dans chaque localité nous étions
prêts à marcher, grâce à l'activité de mes
vieux frères d'armes qui m'avaient secondé
merveilleusement de tous les côtés. Nous
n'attendions plus qu'un signal , lorsque
nous apprîmes que le sacrifice était consommé, et que l'empereur avait signé l'arrêt fatal

qui le précipitait du trône. Cette nouvelle fut un coup de foudre pour nous. On ne pouvait croire à sa réalité. Plusieurs même allèrent jusqu'à blâmer la conduite de l'empereur, et disaient qu'il fallait se battre pour lui, en dépit de lui-même.

Ces idées de dévoûment, toutes fausses qu'elles sont, ne montreront-elles pas combien l'empereur était aimé de ses braves, et ne feront-elles pas un contraste frappant avec l'abandon de leurs chefs.

Comme je viens de le dire, le sacrifice était consommé, et quand nous fûmes prêts à marcher, l'empereur avait signé l'arrêt de sa mort !

Cependant Napoléon devait être conduit à l'île d'Elbe par quatre commissaires étrangers. Jetons sur ces dernières agonies du grand capitaine un voile impénétrable. Tant d'angoisses y sont cachées que je ne me sens pas le courage de les compter, cédons seulement au charme de transcrire ici ses déchirans adieux à ses vieux amis dont je fis toujours partie. On ne saurait trop les relire, ils sont empreints de son âme tout entière.

« Soldats de ma vieille garde, je vous fais mes adieux. Depuis vingt ans, je vous ai constamment trouvés sur le chemin de l'honneur et de la gloire. Dans ces derniers temps, comme dans ceux de ma prospérité, vous n'avez cessé d'être des modèles de bravoure et de fidélité. Avec des hommes tels que vous, notre cause n'était pas perdue, mais la guerre était interminable ; c'eût été la guerre civile, et la France n'en serait devenue que plus malheureuse. J'ai donc sacrifié tous nos intérêts à ceux de la patrie ; je pars : vous, mes amis, continuez de servir la France. Son bonheur était mon unique pensée, il sera toujours l'objet de mes vœux. Ne plaignez pas mon sort ; si j'ai consenti à me survivre, c'est pour servir encore à votre gloire. Je veux écrire les grandes choses que nous avons faites ensemble. Adieu, mes enfans, je voudrais vous presser tous sur mon cœur... Que j'embrasse au moins votre drapeau ; adieu encore une fois, mes vieux compagnons, que ce dernier baiser passe dans vos cœurs. »

Que je pleurai de fois en me rappelant ces dernières paroles !

Napoléon, embrassant son aigle et ses frères d'armes, sera, je crois, présent à mon dernier soupir. C'est un tableau trop frappant pour le cœur de ceux qu'il appelait ses enfans, pour qu'il soit jamais oublié par eux.

Pendant que le grand homme s'épuisait ainsi dans ces combats de l'âme, moi, pour me distraire de la mélancolie profonde dont m'avait frappé la chute de mon bienfaiteur, je fis une tournée forestière qui me fournit aussi une ample matière à réflexion. Partout, dans les campagnes, régnait le silence le plus morne. On se retirait à l'écart pour parler de lui. L'esprit du peuple examiné individuellement, était toujours porté pour lui dans tous les endroits où je passai. Cependant, on travaillait activement à le corrompre par de sourdes manœuvres, et déjà quelques têtes faibles s'exaspéraient contre lui, à la voix des chefs influens du parti contraire au sien. On tourmentait déjà, indirectement il est vrai, plusieurs des braves soldats qui avaient combattu sous son commandement. On cherchait par des voies détourneés toutes les occasions de les humilier. Heureux, mille fois heureux, si bientôt on ne les force pas à cacher, sous la blouse villageoise, ce noble ruban qu'il avait attaché sur la poitrine de ses guerriers, pour recouvrir leurs blessures cicatrisées.

J'avais de tristes pensées, et je terminai ma tournée, en déplorant la versalité des choses

et des hommes, et plein d'amertume, je me
disais tout bas, en songeant à notre faible humanité :

Il n'y a de stable que ce qui n'est plus.

CHAPITRE XI.

O voyage bien différent de celui qu'elle avait fait sur la même
mer, lorsque venant prendre possession du sceptre de la Grande-
Bretagne, elle voyait, pour ainsi dire, les ondes se courber sous
elle, et soumettre toutes les vagues à la dominatrice des mers !
BOSSUET.

XI.

De quelles hauteurs avait fait tomber Napoléon le désespoir de ne pouvoir plus faire le bonheur de la France ! Sur les degrés du trône, il n'avait point dit comme César : Est-ce là tout ? Aussi, quand il en descendit, il était encore dévoré du feu de toutes les nobles passions qui font exécuter à l'homme des choses sublimes. Le découragement n'entrait que par intervalle dans son âme; encore n'était-ce que quand il examinait les hommes en détail, parce qu'alors, il les trouvait hideux, en raison des derniers événemens dont il venait d'être la victime. Un instinct irrésistible l'entraînait sans cesse vers l'avenir. Il pressentait peut-être déjà que son rôle n'était pas fini sur cette terre. Sa chute n'était qu'un coup de théâtre momentané, et le dénouement de son drame immortel devait être une catastrophe bien terrible.

Cependant, il était parti de Fontainebleau, et se dirigeait par le Midi vers le lieu de son embarcation. Je fus au comble de la joie quand je sus qu'il devait passer à Montélimart. Je voulais le voir une dernière fois du moins, et recevoir de lui ce baiser d'adieu qu'il avait donné à tous mes frères d'armes, et dont j'étais jaloux, ce triste baiser qui fut et sera toujours pour le monde entier le plus grand exemple de la fragilité des grandeurs humaines, et le plus beau modèle de l'amitié qui devrait toujours unir les grands guerriers à leurs soldats. Comme le cœur me battait quand je vis la voiture impériale rouler dans l'enceinte des murs de Montélimart, ma poitrine se resserrait comme elle se resserre ordinairement quand on attend un malheur que l'on redoute, et qu'on croit inévitable. Je partis bientôt pour lui rendre un affligeant et dernier hommage de ma fidélité.

Sur mon chemin, je rencontrai un vieil officier de l'armée d'Egypte de ma connaissance. Il marchait lentement devant moi. Sa tête était penchée, ses yeux fixés vers la terre. Je pensai bien qu'il se dirigeait vers l'habitation de l'empereur, dans les mêmes intentions que moi; aussi, je hâtai le pas afin de le rejoindre. Je l'abordai... Nous nous serrâmes la main sans rien dire, et nous nous acheminâmes lentement, et le cœur serré, vers la demeure momentanée de l'homme aux souffrances inouïes. J'étais satisfait intérieurement d'avoir rencontré un ami pour m'accompagner auprès de lui.

Pourquoi donc, quand l'homme est accablé par la peine, craint-on de le visiter?

Quand nous fûmes auprès de la porte, c'était à qui de nous deux n'irait pas plus loin. Semblables à deux enfans qui meurent d'envie d'embrasser leur père, et qui n'osent pas entrer dans sa chambre, de crainte de le troubler au milieu de ses occupations.

Nous nous décidâmes enfin.

Ce fut le général Bertrand qui nous reçut.

Alors, commençait pour lui ce sacrifice d'amitié qui lie aujourd'hui son nom si honorablement à celui de l'empereur. Son accueil gracieux, et la bonté avec laquelle il nous parlait, nous enhardirent mutuellement. Il nous introduisit lui-même auprès de l'empereur.

Qu'il était changé ! mais à travers cette altération de traits, on lisait encore sur son visage son âme énergique qui s'était élevée triomphante au-dessus des douleurs.

Il ne me dit pas comme autrefois Bamboche, mais il me tendit la main , et moi, je la pressai vivement dans les deux miennes, et je la couvris de baisers, sans prononcer un seul mot.

— Que fais-tu donc? me dit-il avec une émotion qu'il ne cherchait pas à déguiser, c'est sur mon cœur que doivent venir reposer tous les braves de ma vieille garde.

Et en disant cela, il m'ouvrit affectueusement ses deux bras.

Je ne vis plus la distance qu'il y avait entre l'empereur et moi (car il était toujours pour moi l'empereur Napoléon) je n'écoutai que la sensibilité de mon âme, et je me jetai dans ses bras, sans pouvoir retenir les sanglots qui m'étouffaient.

Enfin mes yeux s'humectèrent, et la poitrine de l'empereur fut inondée des pleurs d'un soldat.

Mon vieux camarade pleurait aussi à chaudes larmes.

Jamais, au milieu du carnage, la douleur causée par le fer des ennemis qui avait sillonné mon corps, ne m'avait arraché une larme, et voilà que les pleurs coulaient en abondance sur mes joues.

On a bien raison de dire que la douleur de l'âme est plus forte que celle du corps.

En effet, quel cœur aurait été assez dur pour n'être pas attendri en le voyant?

— Enfans, nous dit-il, après avoir embrassé mon compagnon, enfans que vous êtes, laissez ces pleurs pour ceux qui se déshonorent : votre dévoûment à la patrie et à ma personne feront un jour votre gloire et la mienne. Les revers diminuent avec le temps, les passions s'affaiblissent et l'histoire reste. Vous serez grands comme moi dans la postérité.

Il paraissait joyeux à cette dernière pensée ; il me frappa plusieurs petits coups sur la joue, et son regard semblait me dire : N'est-ce pas que c'est la vérité ?

Il se fit quelques minutes de silence.

Je me hasardai à lui demander la permission de l'accompagner sur sa terre d'exil.

Il ne voulut pas y consentir.

— Cette demande, me dit-il n'est pas raisonnable. Tu as femme et enfans, mon ami, c'est impossible. Conserve toujours pour la France la vigueur que je t'ai connue; sers-la comme tu m'as servi.

Ce qui me fait de la peine, reprit-il d'une voix émue, ce que je crains le plus au monde, c'est qu'on ne rende malheureux ceux que j'ai rendus heureux, en récompensant leurs services pour ma belle patrie et pour moi. Ce sera pourtant le triste système de ceux qui viendront après moi. Pour eux, régner sera tout, et le bonheur de la France ne sera rien.

Il se tut à ses mots.

Sa prédiction ne fut que trop vraie; elle s'est réalisée sous nos yeux; elle était puisée dans la connaissance qu'il avait du cœur de ces hommes qui regardaient la vengeance comme un devoir sacré. Il était redevenu pensif. J'aurais voulu rester avec lui encore long-temps, bien long-temps, mais je craignais que notre visite ne devînt trop longue.

— Sire, encore un mot essentiel à vous dire.

— Parle, mon ami.

— Défiez-vous du passage de Donzerre, et surtout d'Avignon.

L'empereur me regardait avec étonnement.

— Je connaissais la route que vous deviez tenir, et je l'ai explorée comme sur un terrein ennemi.

— Tu m'es donc bien dévoué? me dit l'empereur avec un regard expressif.

— Sire, beaucoup plus encore que je ne saurais vous l'exprimer ; je suis vraiment malheureux de n'avoir pas pu vous le prouver dans ces derniers temps.

Comme je finissais de parler, une jeune dame se présenta. Tous les yeux se tournèrent sur elle; sa stature était petite, sa taille contrefaite, mais ses yeux étaient vifs et sa physionomie pleine d'énergie; elle s'avança vers l'empereur avec dignité :

— Sire, lui dit-elle sans affectation, comme sans embarras, puisque la France méconnaît aujourd'hui son orgueil et sa gloire, permettrez-vous à ceux qui sont pleins du souvenir de vos grandes actions, de vous accompagner jusque dans votre exil?

Nous écoutions, mon camarade et moi avec curiosité. L'empereur attentif paraissait attendri.

— Sire, continua l'aimable sollicitante dont nous avions tous oublié la difformité, je suis indépendante, sans mari, sans enfant, et l'ingratitude de la France me pèse sur le cœur. Près de vous, j'aimerai davantage mon pays ; ici, je le détesterais.

Elle se tut, et parut chercher dans les yeux de l'empereur, la réponse qu'il allait faire.

Napoléon, attendri de plus en plus, fit une légère pause, et se retournant vers le général Bertrand :

— Eh bien ! Bertrand , qu'on dise encore que je n'ai plus d'amis !

— Vous me suivrez, madame.

La joie brilla sur le visage de cette jeune femme, la tristesse rembrunit mon front, et nous prîmes tous congé de l'Empereur, em-

portant chacun des pensées différentes peut=
être, mais en faisant tous des vœux pour un
meilleur avenir.

Napoléon continua sa route.... quand il
fut arrivé à Donzerre, mes tristes prévisions
commencèrent à s'accomplir; il fut insulté et
les vitres de sa portière furent brisées; heureusement il avait changé de voiture comme
on me l'a assuré depuis. Que je me trouvai
heureux, sinon de lui avoir sauvé la vie en le
prévenant du danger, du moins, de lui avoir
épargné la douleur de recevoir sur son noble
visage quelques morceaux de verres que des
mains impies faisaient voler en éclats.

Arrière! hommes sacriléges; respectez les
grandes infortunes et le génie; gardez votre
fange et vos pavés; dans quinze ans, vous les
lancerez à la face de ceux que, dans une heure,
vous allez encenser. Retirez-vous, girouettes!
Retirez-vous! Vous ne comprenez pas les dou-

leurs, ou si vous les comprenez, vous êtes des monstres d'inhumanité. Celui que vous insultez bénévolement n'a pas voulu que la guerre civile s'allumât en France... Vous n'auriez pas eu le courage de vous présenter devant lui comme ses adversaires, ne vous faites donc pas ses assassins. Fuyez, fuyez, vous dis-je, car la boue que vous lancez retombe sur vos têtes.

Cependant, la voiture roulait sans cesse, elle avait atteint les murs de la ville d'Avignon où l'empereur, par une sage précaution, ne voulut pas entrer. Il savait qu'une foule d'énergumènes, payés peut-être par de sages conspirateurs, n'attendaient que sa présence pour se faire ses assassins.

On n'ignore pas qu'il eut une peine extrême à se tirer sain et sauf de cette contrée maudite. Que ses réflexions devaient être pénibles dans ces cruels instans! Qu'il dut trouver ingrate cette France qu'il aimait tant, pour laquelle il venait de sacrifier sa couronne, l'avenir de son fils, et toutes les affections de son cœur ! Il ne pouvait plus la traverser sans craindre pour sa vie, lui qui l'avait parcourue tant de fois triomphant.

J'ai frémi d'indignation et de colère quand j'appris que dans son délire, un exalté leva son épée sur l'empereur. Ce fait a quelque chose de révoltant. Aussi, a-t-il excité au plus haut degré l'indignation de celui qui remplissait auprès de Napoléon les fonctions de son mameluck. On dit que l'épée ne fut replacée dans son fourreau que sur la brusque invitation de cet homme estimable qui ne paraissait pas disposé à souffrir que l'on fît impunément une menace à l'empereur.

L'épée bas ! ou je te brûle la cervelle — s'écria ce brave défenseur du plus brave des hommes ; et le pistolet au poing, il accompagna l'accent terrible de sa voix d'un geste plus expressif encore, puisque l'insensé, effrayé de la noble résistance qu'il éprouvait, et du danger qu'il courait lui-même, disparut presqu'aussitôt. Ce fait m'a été confirmé plusieurs fois par des personnes d'Avignon qui m'ont assuré en avoir été les témoins.

L'empereur parvint enfin à éviter toutes les embuches dressées sur son passage; à triompher de tous les mauvais vouloirs, et une frégate anglaise le reçut sur son bord, dans le port de Saint-Rapheau, pour le déposer au sein de ses nouveaux sujets.

« Général, dit-il à son entrée à Porto-Ferrajo au commandant français, j'ai sacrifié mes droits aux intérêts de ma patric, et je me suis réservé la propriété et la souveraineté de l'île d'Elbe; faites connaître aux habitans le choix que j'ai fait de leur île pour mon séjour. Dites leur qu'ils seront toujours pour moi l'objet de mon intérêt le plus vif. »

L'empereur a vu l'île d'Elbe!.. Le nom chéri de France n'est plus pour lui qu'un beau rêve.

Courage, illustre exilé!

CHAPITRE XII.

Le jour d'un nouveau règne est le jour des ingrats.

GRESSET.

XII.

Est-ce l'ambition particulière de l'homme ,
ou plutôt cette ambition noble, sublime, sacrée que tous les hommes sages appellent
amour de la patrie, qui a jeté Napoléon sur
une terre lointaine? Est-ce ce que l'on nomme
trop légèrement peut-être sa passion prédomi-
nante pour les combats, qui l'a précipité du

trône, ou bien une confiance trop aveugle dans la loyauté des hommes? Est-ce enfin par un abus immodéré du pouvoir, par la marche naturelle des événemens, ou par un ordre providentiel que cet aigle, dont les regards soutenaient l'éclat du soleil, en fut tout à coup ébloui, et tomba involontairement du haut de son aire qu'il avait bâti lui-même au-dessus de la tête de tous les souverains? Nous sommes trop près encore de ces graves événemens pour oser nous prononcer sur des questions de cette nature. Qui peut d'ailleurs sonder la pensée du cœur humain, et se flatter d'en avoir fait sortir la vérité? Il est permis d'analyser la vie d'un grand homme, et sur l'examen approfondi de toutes ses actions éparses, tirer des conséquences, et se former une opinion sur ses actes réunis : mais ces conséquences elles-mêmes, ainsi que cette opinion, ne sont-elles pas sujettes à erreur? L'homme ne peut traduire l'homme, il ne peut que le commenter. Ce qui est du ressort de notre compétence,

c'est de ressentir les maux de nos semblables,
d'y compatir par la pensée, et de les adoucir
en les partageant.

Napoléon, en quittant la France, avait épuisé toutes les tortures réservées à notre pauvre
humanité. Epoux, il avait été séparé de son
épouse; père, on lui refusa son fils; guerrier,
ami de ses officiers supérieurs, ses officiers le
délaissèrent. Plus sa chute fut grande et im-
prévue, plus elle dut lui apporter d'étonnement. Sa position devint tout à coup trop pénible pour qu'il put croire long-temps à la sta-
bilité de son malheur. Ce qui dut absorber son
âme, c'est la trahison manifeste de ceux qu'il
avait élevés; ses réflexions devaient être bien
amères, quand il jetait les yeux sur le petit
nombre de ceux qui lui étaient restés fidèles.
Tout le monde a connu les traîtres de l'époque,
et la postérité qui, pour eux est arrivée, les a
frappés au front du sceau de l'horrible ingratitude; c'est un tableau de douloureux souve-

nir pour les âmes que vivifient l'honneur et la sensibilité; c'est une époque de grand enseignement pour les gouvernans, et que la plume élégante et nerveuse de madame Charlotte de Sor, dans le récit qu'elle fait des derniers entretiens du duc de Vicence, nous a décrite avec un charme indicible.

Au milieu de tant de déceptions, consolez-vous, ô empereur exilé, il vous reste encore un ami. Abandonnez-vous à l'illusion la plus douce; le grand Eugène de Beauharnais, qui résume en lui l'inaltérable dévouement de tous vos braves soldats, le digne enfant de votre adoption, restera pur de toute contagion; sa belle ame ne sera pas ternie par le souffle impur de l'apostasie; aussi l'histoire l'a-t-elle décoré du beau nom de prince sans tache que ses contemporains lui donnèrent si justement, et ce titre réel a percé depuis les parois de sa tombe, et ne doit jamais périr.

Ce n'est pas qu'il fût exempt de séductions, mais les séductions vinrent se briser sur un cœur inaccessible à la corruption, sur une âme assez fortement trempée, pour mépriser ce que d'autres recherchent avec tant d'avidité : le sceptre et le diadême.

C'est donc en vain que l'empereur Alexandre, du consentement des cabinets de Londres et de Vienne, lui propose le grand duché de Gênes ; c'est en vain qu'il s'appuie sur la conduite du roi de Naples, rien ne peut ébranler sa constance : il ne connaît que la France et l'empereur malheureux. Aussi, lui répond-il sans affectation, mais avec une rare énergie :

Sire ,

J'ai reçu les propositions de votre majesté ; elles m'ont sans doute paru fort belles, mais elles ne changeront pas ma détermination. Il faut que j'aie joué de malheur, lorsque j'ai eu l'honneur de vous voir, puisque vous avez gardé de moi la pensée que je pourrais, pour un prix quelconque, forfaire à l'honneur. Ni la perspective du duché de Gênes, ni celle du royaume d'Italie, ne me porteraient à la trahison. L'exemple du roi de Naples ne peut me séduire.

J'aime mieux redevenir soldat que souverain avili.

L'empereur, dites-vous, a eu des torts envers moi; je les ai oubliés; je ne me souviens que de ses bienfaits. Je lui dois tout : mon rang, mes titres, ma fortune; et ce que je préfère à tout cela, je lui dois ce que votre indulgence veut bien appeler ma gloire. Je le servirai tant qu'il vivra; ma personne est à lui comme mon cœur.

Puisse mon épée se briser entre mes mains

si elle était jamais infidèle à l'empereur ou à
la France !

Je me flatte que mon refus apprécié m'as-
surera l'estime de votre majesté impériale.

Je suis, sire...

Quelle sublimité de sentimens !.. quelle dé-
licatesse dans ses expressions !... Quelle force
dans ses pensées !..

Cette lettre est un chef-d'œuvre qui a dû
faire rougir plus d'un chevalier que la fortune
a flétri.

On sent, en lisant cette lettre, tout ce qu'il
y avait de désintéressement dans son amitié
pour l'empereur, tout ce qu'il y avait de pa-
triotisme dans sa belle âme.

C'est un monument sur lequel on aime à jeter les yeux, pour les reposer, et où l'on voit inscrite cette légende diaphane :

IL FUT SANS TACHE !

Pour moi, qui vécus long-temps dans l'intime familiarité du prince Eugène, qui connaissais tout ce que son noble cœur comportait de grandeur, d'élévation, de magnanimité, moi qui savais combien il aimait l'empereur, et de quelle manière il entendait ce sentiment sublime qu'il réservait au grand homme, je n'eus pas besoin de cette lettre pour croire à son inviolable fidélité. Elle me fit cependant verser de douces larmes, quand je la lus pour la première fois. Grand nombre de mes vieux amis en ont fait autant. C'était un véritable délassement pour des âmes honnêtes, que de voir un homme intègre au milieu de la corruption générale.

Je n'ai pas la prétention de vouloir commenter ici cette précieuse lettre. Elle s'élève d'elle-même au-dessus de toute paraphrase. Ne serait-ce pas d'ailleurs jouer le pauvre rôle d'un avocat qui voudrait à toute force plaider sur une cause depuis long-temps gagnée. J'ai jeté seulement ex abrupto les phrases qui débordaient mon âme; je n'ai eu que l'intention de remplir les devoirs d'une religieuse gratitude envers la mémoire d'un prince qui me porta tant d'affection pendant sa vie.

Tandis que j'ai occasion de parler des vertus sublimes du prince Eugène, je ne puis mieux placer qu'en cet endroit de l'ouvrage, la lettre qu'il adressait au marquis de la Vallette, son ami; je ne la crois pas connue; elle m'a été confiée par la main de l'amitié, et quoiqu'elle ne soit pas ici à sa date, je pense que les lecteurs me sauront bon gré de la leur transmettre, d'autant mieux qu'elle est encore une preuve de l'entier dévouement du prince à l'empereur Napoléon, et de son abnégation complète de lui-même.

Je n'aurais peut-être pas l'occasion d'en parler plus loin, et je crois qu'elle mérite qu'on la lise.

« Tu me tiens rigueur, mon bon Lavallette ;
» voici bientôt un siècle que je n'ai reçu de tes
» nouvelles. S'il ne t'est pas permis de me par-
» ler politique, du moins, ne me refuse pas
» le plaisir d'avoir quelquefois l'assurance de
» ta constante amitié pour moi.

« Enfin, mon sort est décidé, j'ai un superbe commandement, et quoiqu'il ne soit pas encore public, je puis te l'annoncer.

« Je commande deux corps d'armée, savoir :
le mien dont Junot est venu pourtant s'em-

» parer directement, et celui des Bavarois
» qu'on dit que Saint-Cyr commande; tu vois
» que cela fera soixante à quatre-vingt mille
» hommes, et près de deux cents pièces de ca-
» non.

« Les généraux et officiers qui nous vien-
» nent de Paris, m'assurent que l'on y dit que
» j'aurai le commandement de la cavalerie. De
» toute manière, je serai bien placé, et celui où
» il y aura à donner le plus de preuves d'absolu
» dévoûment à sa majesté, sera le poste que je
» préfèrerai toujours.

» Une seule chose ne me ferait point rire du
» du tout, ce serait celle qui pourrait appeler
» stablement ma chétive personne en Pologne.
» On a répandu ici ce bruit, et je t'assure qu'il
» y fait une véritable peine. Moi, je ne pour-
» rais me supporter si loin de l'empereur. Je
» n'ai qu'une ambition, celle de vivre et de
» mourir le plus près de lui possible. Tu me

» diras que je ne suis pas difficile ; tu auras
» raison. Cette ambition-là en vaut bien une
» autre ; mais je n'ai pas celle des trônes cela
» est certain, comme il est certain que je t'ai
» voué pour la vie la plus sincère amitié.»

Ton bien affectionné,

Signé EUGÈNE.

Ce 22 février, au soir.
— Un souvenir aimable à Emilie.
— J'embrasse ta fille.

Napoléon, par son abdication, avait arrêté
le prince Eugène au milieu de la brillante carrière qu'il parcourait avec tant de succès, et
par une conséquence inévitable, il le dépouilla
sans le vouloir sans doute, du titre glorieux
de vice-roi d'Italie qu'il avait accordé à son
mérite.

Avec la connaissance du caractère loyal et
désintéressé du prince, on n'aura pas de peine
à croire que la perte de sa dignité le toucha peu

en comparaison de la perte bien plus grande
que la France venait de faire dans la personne
de l'empereur.

Qu'avait-il en effet perdu lui, Eugène?

Un titre, voilà tout.

Que lui restait-il à désirer?

Rien.

De la gloire?

Il en était couvert.

Des conquêtes?

Partout il avait obtenu des triomphes.

Des honneurs?

Mais il n'avait pas l'ambition des trônes; sa seule ambition, comme il le dit lui-même, était de vivre et de mourir auprès de Napoléon, le vœu le plus cher de son ame n'a pas été exaucé, et ces deux grands guerriers ne devaient avoir que la mort d'un simple citoyen.

L'abdication de l'empereur brisa bien des fortunes, arrêta bien des carrières, enfanta bien des déceptions; quel tableau historique que celui de cette époque! que de bassesses encadrées à côté de nobles sentimens! que de petitesses! que de grandeurs! que de prospérités! que d'infortunes! les contrastes nombreux se font ressortir l'un par l'autre; tout y est parfait, tout y est frappant de vérité; rien de médiocre dans son genre.

Ce tableau produisit pour la France la mesure de l'estime que l'on doit accorder à bien des gens qui se sont fait connaître dans cette circonstance douloureuse par leur fermeté inébranlable; et la mesure du mépris à déverser sur les hypocrites qui avaient, avant ce moment, usurpé l'admiration publique. Comme l'ingratitude ressort dans tout son jour à côté du dévoûment le plus sublime! La tragédie réelle qui se passait sur le grand théâtre de la France, et jouée par des acteurs de premier ordre, fit naître des sensations de tristesse bien profondes. Tous du moins s'y étaient montrés à découvert. Le rôle des étrangers fut un rôle de petits maîtres, c'est-à-dire barbare, despote, égoïste et niais tout à la fois, et parmi les acteurs de notre nation, les uns trouvèrent de nobles applaudissemens, les autres un houra prolongé dont l'écho s'est fait entendre par toute la terre, et que les siècles futurs répéteront sans interruption.

Mais laissons ce tableau vif et sombre tout à la fois à l'examen sérieux du monde qui juge sans partialité; laissons les ennemis de Napoléon, le resserrer au milieu de son exil, comme dans un drap mortuaire ; leurs mains sont trop débiles pour l'y tenir long-temps enchaîné ; il saura bien un jour se réveiller de sa léthargie forcée ; il saura bien secouer son enveloppe sans solidité, et tomber plein de vie au milieu de la France qui l'appellera secrètement de tous ses vœux.

Rentrons maintenant dans nos paisibles demeures, voyons ce qui se passe autour de moi, dans les localités où le destin m'a appelé à vivre. Si je pouvais trouver quelque consolation dans les actions des hommes qui m'entourent, si je pouvais reposer ma pensée sur des tableaux plus rians, et délasser un moment ma vue éblouie par cet éclatant panorama qui venait de s'étaler aux yeux étonnés de l'Europe entière ! Mais je n'aurai pas même la satisfaction de lire dans des yeux amis des sentimens identiques, de trouver dans l'âme de ceux que j'approche des idées homogènes avec les miennes.

En France, le mal et le bien ont chacun leur imitation. Les petites ingratitudes suivirent de près les plus grandes. Ceux que la présence du héros retenait encore dans la ligne des devoirs, de l'honneur et de la reconnaissance, attendirent le moment où le dernier pied de l'empereur se posait sur le vaisseau qui devait le transporter à l'île d'Elbe pour lui tourner le dos ; heureux encore quand ils ne cherchaient pas à flétrir sa mémoire devant les nouveaux dieux qu'ils allaient humblement adorer

Insectes rampans, vous aviez raison d'épier son absence, car, son œil foudroyant de mépris vous eût fait rentrer dans la fange d'où il vous avait tiré.

C'est ainsi que se comporta un jeune officier de l'empereur, le sieur R...., j'ai failli laisser tomber de ma plume son nom tout entier. Pendant la guerre d'Espagne, ce jeune homme, au bout de six mois de service seulement, avait reçu à la jambe une blessure assez grave pour nécessiter l'amputation; il fut entouré de tous soins, Napoléon le fit lui-même membre de la légion-d'honneur, en raison de l'intérêt qu'il portait à celui qui devait le payer de tant d'ingratitude aux jours de malheur.

Ce n'est pas tout encore, comme l'empereur passait un jour dans son pays, ce jeune officier, dont la carrière militaire s'était terminée pour ainsi dire à son début, demanda une sous-inspection dans les eaux et forêts, et sur le champ elle lui fut accordée. Cette place était devenue vacante à Montélimart par le déplacement du sous-inspecteur B...., nommé inspecteur à Rome, département du Tibre.

Pour qu'on ne me soupçonne pas de basse jalousie, je m'empresse de dire que me trouvant parfaitement bien dans ma place de garde général, et jouissant avec cela d'une assez jolie fortune, je ne sollicitai pas cet emploi, je fus même satisfait d'avoir pour sous inspecteur un homme que je croyais dévoué comme moi à celui qui avait fait son bonheur et le mien.

Ma joie ne fut pas de longue durée, comblé des bienfaits de Napoléon, cet homme devait en conserver un souvenir éternel, mais la fortune du protecteur avait tourné, et dans sa rapidité, elle avait emporté avec elle la reconnaissance du protégé. Comme je l'ai dit plus haut, l'empereur voguait encore pour son lieu d'exil, que déjà ce vil ingrat s'était entouré de gens attachés à l'ancienne dynastie, et s'éloignait de plus en plus des amis de son bienfaiteur.

Il flatta les heureux du moment et se lança bientôt à corps perdu dans les opinions royalistes les plus exaltées, et il avait fait tant de progrès après quelques jours d'apostasie,

qu'au vingt-six septembre 1814, époque du
passage de Monsieur, depuis, le roi Charles X,
la ville de Montélimart ayant donné un bal à
son altesse, ce jeune flatteur de fabrique nouvelle s'y rendit des premiers; et mit un em-
pressement tout particulier à se placer vis-à-vis
du prince. Il voulait s'en faire remarquer; son
attente ne fut pas trompée, car son altesse lui
fit grand compliment de la manière vraiment
merveilleuse dont il avait fait manœuvrer sa
jambe de bois.

Il se glorifia beaucoup des paroles flatteuses
du prince, et à force de jactance, il parvint à
se couvrir de ridicule à tous les yeux; il ne me
fit pourtant pas part à moi de son contentement.

Nous nous trouvions alors diamétralement
opposé de pensées et de sentimens, il eût craint
la vérité, la sèche vérité que ma bouche n'aurait pu lui taire; aussi, me regarda-t-il dès ce

moment comme son ennemi en me traitant cependant toujours comme son ami. Il nourrissait contre moi une jalousie secrète qu'il ne put tenir tout à fait cachée quand il apprit que j'étais nommé major de la garde d'honneur à cheval du département. Ce trait peint bien la petitesse de son âme, qu'il sut mettre un peu plus tard dans tout son jour, ainsi que j'aurai occasion de le prouver dans le second volume de cet ouvrage.

Quant à moi, je ne crus pas devoir refuser le nouveau grade honorifique qui m'était conféré, il ne m'engageait à rien et ne changeait nullement mes sentimens envers celui que je regrettais de plus en plus; j'endossai de nouveau mon uniforme de chasseur à cheval de la garde impériale, ce muet témoin de tant de fatigues et de tant de travaux. Je ne pus me défendre d'une émotion indéfinissable quand je le revêtis pour la première fois depuis le départ de Napoléon, et quand je ceignis mon sabre si précieux , je crus que c'était pour lui.

Sur ces entrefaites, nous eûmes à Montélimart la visite du duc d'Orléans (actuellement
roi des Français) il rentrait en France avec sa
famille. A cette occasion, je reçus l'ordre suivant :

Montélimart, le 15 octobre 1814, département de la Drôme.

*Le chef de cohorte des grenadiers de la garde
nationale urbaine de Montélimart, commandant
la garde d'honneur,*

à

*M. Krettly , major de la garde d'honneur,
commandant les deux pelotons,*

Monsieur ,

Nous avons la certitude que son altesse

royale passe ici, demain dimanche, dans la matinée. Vous voudrez bien commander votre garde, et monter à cheval, à sept heures, pour aller jusqu'au petit Pélican, attendre son altesse royale, et vous conformer au service d'usage.

Le commandant,
Le chevalier de PLANTA WILDEMBERG.

Le lendemain à l'heure marquée nous étions au rendez-vous. Nous rencontrâmes le prince voguant sur le Rhône; nous suivîmes le coche des bords du rivage, et le long de la route, je fis faire à ma cavalerie des manœuvres de petites guerre, genre d'exercice auquel j'avais passé si sérieusement tant d'années, et que j'avais passablement gravé dans ma mémoire. Ce jour-là, c'était une récréation pour le prince et sa famille. On fit une halte pendant laquelle le préfet et sa suite allèrent rendre au prince l'hommage accoutumé en pareille conjoncture. Je faisais partie du cortége. Au milieu de la foule, mon uniforme frappa les yeux du duc d'Orléans. Il s'avança vers moi, et me dit avec une sorte d'intérêt.

— De quel corps sortez-vous?

— Des chasseurs à cheval de l'ex-garde impériale.

— Ah! ah! répartit le prince avec vivacité, vous sortez d'un corps bien honorable à mes yeux.

Ces paroles me firent du bien, elles ont produit en moi une satisfaction agréable.

On ne peut s'empêcher d'examiner ici combien le sort de ceux qui sont haut placés sur l'échelle sociale, est sujet aux nombreuses variations. En effet, le prince rentrait en France à la faveur d'une révolution, et quinze ans plus tard, cette même couronne que Napoléon venait de rendre à la nation, et qu'il allait por-

ter encore pendant un court espace de temps
il est vrai, devait passer sur la tête du prince
d'Orléans , après avoir été arrachée du front
de son parent par des mains populaires.

Le prince continua sa route vers Paris, et
moi, je rentrai avec ma petite armée dans les
murs de Montélimart.

CHAPITRE XIII.

Regarde ! je viens seul m'asseoir sur cette pierre
Où tu la vis s'asseoir.

LAMARTINE.

XIII.

Plusieurs mois s'étaient écoulés depuis que Napoléon avait fait ses adieux à cette France chérie qu'il aimait de toutes les forces de son âme, lorsqu'il me prit fantaisie de jeter un regard sur ma position actuelle.

Le passé n'était plus rien pour moi, ou plutôt ce n'était qu'un souvenir lointain qui m'apportait encore quelques douces images ; le présent, une vie monotone, sans activité publique, sans énergie ; l'avenir, un problême que j'aurais voulu pouvoir résoudre ; et pour toute réalité du moment, l'ennui qui pesait de tout son poids sur mon existence. Pour dissiper ce fléau terrible qui ne manquait pas de m'assaillir quand j'étais seul avec moi-même, je m'occupais machinalement aux fonctions de ma place de garde général ; je me créais des occupations agrestes ; je rangeais, dérangeais tour à tour ; ce que j'avais édifié la veille, je le détruisais le lendemain. Je ressemblais véritablement à ces êtres inconstans qui veulent et ne veulent pas tout à la fois, qui ne trouvent rien à leur idée, pas même leurs propres œuvres ; enfin, j'arrivais du mieux qu'il m'etait possible à remplir minute par minute, heure par heure, les pénibles journées qui s'écoulaient trop lentement au gré de mes désirs.

Les momens les plus agréables pour moi

étaient ceux que je passais en tournée forestière, parce qu'alors, la route m'offrait une
suite de tableaux variés qui récréaient ma vue
et que je rencontrais de temps en temps quelques personnes à qui je pouvais parler de l'empereur ; des gens qui m'écoutaient avec bienveillance, partageaient mes opinions, et me
donnaient, en échange, des renseignemens positifs sur les sentimens divers de la multitude à
l'égard du grand exilé. Personne n'osait exprimer encore les vœux particuliers, les désirs se-
crets que déjà l'on formait pour son retour ;
mais on se prononçait pourtant sur les regrets
véritables que causait son absence, et moi, je
sentais, par tous ces discours, renaître l'espérance qui se glissait silencieuse jusqu'à mon
âme.

Que faisait donc le gouvernement au milieu
des circonstances difficiles dont il était entouré ?
Rien ; absolument rien de ce qu'il devait faire
pour affermir son autorité chancelante, et as-

surer sa durée. Il travaillait sans relâche, au contraire, à détruire ce qui avait été créé par des mains plus habiles et plus fortes. Il donnait tête baissée dans des travers qui devaient hâter l'instant de sa ruine.

Ainsi, le clergé se montrait orgueilleux comme autrefois; son ambition s'était réveillée tout à coup, et c'était jusqu'aux marches du trône qu'il voulait s'avancer pour conquérir l'oreille des rois, et opérer l'alliance de deux vieilles amies que l'on crut long-temps inséparables : la religion et la royauté. Pour compléter cette trinité sainte, la noblesse rancunière montrait partout sa tête superbe, secouait, avec sa vanité de salon, son jabot à petit plis, et regardant avec ostentation le pommeau brillant de son épée, elle insultait aux vaincus qui pouvaient encore, au signal d'un seul homme, la forcer à passer, en courbant sa tête, sous les fourches caudines.

Et nous aussi, nous avions eu comme eux
une épée au côté, mais ce n'était point une
épée de parade. On ne voyait pas l'or reluire
sur une monture enrichie d'une foule d'ornemens, mais on découvrait, empreintes sur nos
lames, des traces du sang de nos ennemis.
Elles semblaient s'y être attachées irrévoca-
blement comme pour attester que les glaives
des soldats de Napoléon n'étaient pas restés
dans l'oisiveté, et pour que nos armures de-
vinssent un monument éternel de gloire nationale.

Alors, on pouvait nous humilier impunément, nos épées reposaient dans leur fourreau
et étaient suspendues au-dessus de nos che-
minées rustiques.

D'où vient donc ce droit d'impertinence que
donne une naissance de haut lieu sur les nais-
sances populaires? D'où vient donc cette
morgue insolente, compagne assidue de ceux

qui bâtissent un échafaudage de vertus sur les parchemins de leurs pères?

Je comprends, ils n'ont pu s'élever par leur mérite personnel au niveau des citoyens qui font des actions éclatantes et rendent d'immortels services à leur patrie, ils ont eu recours aux services de leurs aïeux pour se grandir sans danger aux yeux de la cour, ils ont invoqué la noblesse de leur origine pour usurper des emplois qu'aurait occupés le savant roturier. Oh! quand donc disparaîtra entièrement cet imbécile préjugé de la naissance?

Il y a des siècles que l'on frappe à sa base sans pouvoir faire tomber le colosse. Quand donc cette maxime pleine de vérité et qui sort de la bouche de tous les sages, que la noblesse est dans le cœur et non dans un vain titre, s'élèvera-t-elle sur les décombres fumans d'un préjugé trop bien affermi pour le malheur de la société?

Cette triple haine du trône, du sacerdoce et de la noblesse n'était pas seulement dirigée contre les amis de la cause impériale, elle atteignait encore tout ce qui ne flattait pas ses penchans, et, comme l'écriture sainte, elle disait : Tout ce qui n'est pas avec moi est contre moi.

Cet état de choses ne pouvait durer.

Indépendamment des mille petites tracasseries que l'on suscitait de toutes parts à tous ceux qui avaient servi sous l'empire, combien de milliers d'officiers à qui on ne soldait pas leur retraite et qu'on qualifiait du titre ridicule de factieux parcequ'ils réclamèrent la pension qu'on leur retirait si injustement. Ce n'était point, comme on se plut à l'écrire alors, pour démolir des trônes, pour subjuguer des nations , pour ravager des royaumes que nous regrettions l'absence du héros cher à la France, c'était pour maintenir la gloire de notre patrie, pour défendre son honneur outragé et manger à l'abri de nos lauriers le morceau de pain que la nation accorde à tous les braves qui sacrifient leur existence pour assurer son indépendance et venger les injures qui lui sont faites par des étrangers.

Mais lui, à quoi s'occupait-il donc au milieu de son exil pendant qu'on abreuvait d'amertume tous ceux qui avaient été enrolés sous ses étendards?

Que faisait-il pendant qu'on leur retranchait si bénévolement une partie de leur nourriture ?

Savait-il que la nation française murmurait tout bas et commençait à regretter son absence ?

Quant à moi, je n'avais pas reçu de ses nouvelles depuis qu'il était devenu souverain de l'île d'Elbe. Par fois, je me plaisais à me transporter en imagination au milieu de mes fortunés camarades dans ce glorieux champ d'asyle qu'il ne m'était pas donné d'aller habiter ; là, je m'entretenais avec lui comme aux jours de sa grandeur quand il avait une minute à perdre en conversation avec ses soldats ; il me semblait qu'il me témoignait une affection toute particulière, qu'il souriait aux souvenirs des belles choses que je rajeunissais et qu'il applaudissait aux espérances nouvelles de son vieux trompette. Souvent, ces rêves de l'âme se prolongeaient jusque dans la nuit et devenaient des rêves véritables qui ne se dissipaient qu'au lever de l'aurore, rêves délicieux dont le charme sera bien senti par tous ceux qui l'aimaient et qui vécurent près de lui.

Pendant plusieurs jours, ces douces illu-

sions me poursuivirent partout d'une manière
toute particulière; il est vrai de dire que,
loin de chercher à les éviter, je m'y complai-
sais au contraire beaucoup, car elles m'ap-
portaient une espèce de soulagement aux
amères réflexions que me causait souvent la
disparition de l'empereur et le tableau dé-
chirant des humiliations que souffraient tous
mes vieux compagnons mutilés.

En effet, depuis le nouvel ordre de choses,
on ne s'était pas contenté de priver les officiers de leur retraite, comme je l'ai dit plus
haut, on s'en était pris même aux simples soldats, on les chassait de la capitale comme des
malfaiteurs dont l'honneur était terni.

Plusieurs satellites du pouvoir avaient intérêt à faire retirer de dessous leurs yeux des
hommes dont la présence seule était pour eux
un sanglant reproche. C'est pour cela que
nous les voyions arriver de toutes parts dans

les provinces, réclamant sous le chaume une place au coin du feu qu'on leur refusait dans la grande cité qui méritait bien alors le nom de Jérusalem maudite, que lui donnaient énergiquement plusieurs de ces malheureux.

Chose inouïe! on leur avait même fermé les portes de ce temple sacré où la tendre humanité choisit de préférence son séjour, de cet hôtel vénérable où le peu de jours que ces vieux amis avaient à passer sur la terre devait au moins s'écouler dans la paix; c'est en vain que la vierge de ces lieux leur avait ouvert ses bras protecteurs et les avait reçus sans distinction de partis ou de couleurs, des impies, abusant de leur puissance, les arrachaient de cet asyle inviolable et les remplaçaient par ceux qu'ils appelaient les nobles défenseurs du trône et de l'autel.

Oh! religion, comme on abusait encore de ton nom.

Ces infortunés, dont plusieurs devaient avoir la plus douloureuse agonie et la nature seule pour témoin de leur déplorable fin, se répandaient dans les campagnes et cherchaient la chaumière où le sort avait déposé leur berceau, c'était la propriété de leurs aïeux, ce devait être leur héritage, et pourtant, de nouveaux possesseurs qu'ils ne connaissaient pas en étaient devenus les propriétaires.

Dans une de mes dernières tournées, je fus témoin d'une de ces scènes les plus frappantes que nous offre l'histoire de ce temps-là ; j'étais à quelques lieues de Montélimart, au milieu des bois où m'appelait souvent mon devoir de garde-général ; j'avais pris un sentier détourné pour rejoindre la grande route, j'étais élevé sur un petit tertre d'où la vue se promenait à l'aise sur un horizon assez vaste. Je m'arrêtai un instant pour regarder autour de moi la nature sauvage qui me semblait vraiment belle avec son agreste nudité.

Je ne m'attendais certainement pas à entendre dans ces lieux une voix humaine, pourtant, mes oreilles furent frappées de ces mots
très distinctement articulés : Oh ! mon Dieu,
mon Dieu, comme tout est changé dans ce
hameau ! Cette exclamation piqua ma curiosité, je voulais savoir quelle bouche l'avait
proférée, je me sentais irrésistiblement entraîné vers celui qui parlait et que je ne pouvais pas voir. A peine avais-je fait quelques
pas que j'aperçus au bas du tertre sur lequel
je marchais, un homme en blouse bleue, la
tête nue, les deux bras croisés sur la poitrine,
il était placé lui-même sur une petite élévation
qui dominait trois ou quatre maisons que
m'avaient cachées, jusque là, un petit coin
de la forêt. Un bâton noueux, pendu par une
petite ficelle bouclée, enlacée dans son pouce,
pendait à son côté, un bonnet de police qu'il
tenait dans la main droite et une paire de
guêtres grises indiquaient assez que cet homme
avait servi, il paraissait abîmé dans sa douleur,

je doublai le pas, il entendit marcher et sembla vouloir s'éloigner, je lui fis un signe de la main et il s'arrêta.

— Vous cherchez quelque chose, lui dis-je en l'abordant, vous aurez de la peine à trouver dans ces contrées désertes, si vous avez besoin de quelques renseignemens, je pourrai peut-être vous les donner.

— Merci, monsieur, merci de votre offre obligeante, ces contrées, je les connais; seulement, vingt-trois ans d'absence y ont apporté de grands changemens, ce que j'y cherche n'y est plus, le temps, cet aveugle destructeur, a enlevé le toit paternel où s'était écoulé mon enfance. Tenez, monsieur, où vous voyez ces buissons et une partie de ces vignes, c'était là qu'était la masure où venait se reposer ce bon père après les fatigues d'une journée passée dans les champs à l'ardeur du soleil; c'était là que se donnait le rendez-vous de la jeunesse qui habite dans les hameaux voisins, c'était là que se passaient, au coin d'un grand feu, les aimables soirées d'hiver sous les yeux de nos parens, il y a long-temps de cela, bien long-temps; et il passait la main sur son front plissé par les rides, comme pour chasser de tristes idées, puis, tout à coup, il s'écria avec force :

Ici, oui, c'est par ici que doit être la place où je reçus le dernier baiser de ma mère quand pour la première fois j'endossai le sac du conscrit, je n'y vois pas la trace de ses pas, mais j'entends encore ses sanglots, ses soupirs.

Oui, c'est bien là que j'étais entouré de mes deux sœurs et de mon jeune frère, qui vint me rejoindre au régiment quelques années plus tard, et qui trouva une mort glorieuse au champ d'honneur.

Oui, c'est là que nous étions, et il fit quelques pas, voici la pierre où je frappais machinalement mon bâton à petits coups multipliés en détournant la tête pour leur dérober mes larmes... c'est bien la même pierre, elle est recouverte de mousse, ah! elle a vieilli aussi; mais eux, où sont-ils? peut-être trouverais-je leur nom écrit sur les modestes croix de notre cimetière.

Je pleurais à chaudes larmes en l'entendant parler de la sorte.

Qui êtes vous donc, me dit-il, pour prendre part à mes peines?

—Un officier de la garde, lui dis-je.

— Embrassez-moi donc, frère reprit-il en sanglottant, il a souffert encore plus que moi, lui, qui faisait trembler l'Europe entière et qui n'a pas la liberté comme moi de respirer

l'air pur de la campagne où dorment ceux
que j'aimais.

Je voulus ramener ce brave avec moi à
Montélimart, mais il ne voulut pas y consentir, il désirait se rendre à 4 lieues de là
chez un ami d'enfance qu'il croyait encore de
ce monde, puisqu'il avait constamment reçu
de ses nouvelles pendant son absence, excepté
depuis deux ans que l'éloignement y avait mis
un obstacle insurmontable. Je n'eus pas même
le plaisir de lui offrir le verre d'adieu, car
dans ce lieu isolé, il n'y avait pas seulement
un chétif cabaret. Nous nous séparâmes après
nous être embrassés comme si notre connaissance eût daté de bien loin, le malheur aime
tant à s'épancher quand il trouve un cœur
sensible! Je lui fis promettre de venir me voir
à Montélimart le plutôt possible, et de disposer
de ma maison s'il ne rencontrait pas son ami.
Il a dû avoir le bonheur de l'embrasser, car
je ne l'ai pas revu; peut-être est-il venu à

Montélimart lorsque la force des évènemens m'eut contraint, quelques mois plus tard, d'abandonner cette ville, ainsi qu'on le verra dans le second volume de cet ouvrage. Il avait été chassé de la capitale avec nos autres camarades, comme il me l'apprit en quelques mots, et il voulait, en passant pour aller rejoindre la demeure où l'amitié devait lui offrir un abri sûr, visiter ces lieux où s'écoula son enfance, où il savait bien qu'il ne retrouverait aucun de ceux qu'il y avait laissés, mais où il voulait pleurer encore une fois de souvenir.

Un arbre, un cep de vigne, une pierre, un ruisseau, tout frappe l'imagination de l'homme qui a passé par les rudes épreuves de l'adversité. Je dois avouer ici que j'ai rencontré bien des fois de nos malheureux frères d'armes dans une position déplorable, mais qu'aucun d'eux n'a jamais ému mon âme au même degré que celui dont je viens de parler, et pourtant, il n'était pas dans la misère, car je lui offris quelqu'argent et il ne voulut pas accepter ; il avait, disait-il en me montrant plusieurs pièces de cinq francs, beaucoup plus qu'il ne lui fallait pour gagner le toit hospitalier de son ami.

CHAPITRE XIV.

Celui-là fait le crime à qui le crime sert.

CORNEILLE.

XIV.

On ne tarda pas dans les provinces à imiter
le zèle barbare des puissans de Paris; c'est trop
souvent ainsi que, par une flatterie inhu-
maine, les administrateurs subalternes se font
un devoir d'imiter servilement les actions de
leurs supérieurs, il y en a pourtant, il faut

l'avouer, qui ont le courage de renoncer, aux dépens de leur avenir, à cette servitude déshonorante, mais ils sont rares à toutes les époques, et à plus forte raison, dans un temps où rien n'était stable, où chacun faisait des efforts pour conserver le poste qui lui était confié, et où celui qui n'avait rien cherchait, à force de bassesses, à se caser quelque part, au risque de supplanter un homme de mérite ou un père de famille dont le modeste emploi faisait vivre une femme et des enfans.

Autour de moi, je vis des injustices criantes, elles se renouvelèrent assez souvent, et cela, d'autant plus naturellement de la part de ceux qui les commettaient, que c'était toujours envers les anciens militaires qu'elles s'exerçaient de préférence.

Pour mon compte personnel, je n'eus pas à me plaindre jusque alors dans mon département; je ne sais à quoi attribuer cette espèce d'exception dont j'étais l'objet, et qui ne m'empêchait pas d'être ému jusqu'au fond de l'âme en voyant les misères de mes voisins, mais ce que je puis affirmer, c'est qu'on ne me tourmenta pas. J'accomplissais tranquillement les devoirs de ma charge sans paraître m'occuper d'aucune autre chose.

Pourquoi donc me plaindre des injustices du moment, ce n'étaient encore que des injustices, et bientôt elles allaient changer de nom et prendre celui de persécutions ; ce n'était véritablement que le prélude des maux que l'on nous réservait. Avant de dire un mot de toutes ces monstruosités, je vais parler au lecteur d'une visite inattendue qui arriva fort à propos pour faire diversion à l'état d'abattement dans lequel je vivais depuis si long-temps, et que je ne pouvais vaincre.

Elle me causa autant de plaisir que de surprise. C'était un vieil ami d'Egypte qui, plus

heureux que moi, avait suivi l'empereur à
l'île d'Elbe. Je le retins à déjeûner avec moi.
La conversation, comme on le pense bien, ne
fut pas languissante. J'avais besoin d'entendre
parler de l'empereur par une bouche fidèle.

— Oh ! mon ami, me disait ce vieux compagnon, si vous le voyiez ! si vous l'entendiez ! il
n'a rien perdu de ses manières ; toujours sa
même vigueur, sa même éloquence, son même
génie, sa même âme. Son plus grand bonheur
est de nous rassembler pour nous faire manœuvrer, et nous passer en revue. Il se croit
toujours au milieu de ses vieilles phalanges
guerrières. Dernièrement encore, je lui entendais dire à ses généraux qui l'entouraient :

Oh ! quand je fais former le carré, je crois
toujours voir ma grande armée faire trembler
les ennemis, comme elle les faisait trembler
quand ils s'approchaient pour entamer cette
muraille ambulante. Oui, je ferais volontiers

un sacrifice pour redevenir généralissime de
ce beau peuple, si j'apprenais que l'étranger
voulût se partager ma noble patrie. Je me sens
encore assez de force pour lui donner cette
gloire immortelle qu'elle a perdue.

Ici, sa voix s'éteignit ; il demeura pensif pendant deux ou trois minutes, au bout desquelles il passa ses deux mains sur ses yeux,
comme un homme qui se réveille, et continua
ses exercices militaires où il trouve toujours
un plaisir inexprimable.

Pendant que mon vieux compagnon me parlait ainsi, j'ai senti plus d'une fois mes pau-
pières s'humecter. J'aurais voulu lui faire mille
questions à la fois, mais je n'étais pas maître de
mes idées, et d'ailleurs, interrompre une narration si intéressante eût été un crime. Quand
il eut fini, je me permis de lui demander comment il avait pu se décider à quitter l'empe-

reur, après l'avoir suivi, de son propre mouvement, sur la terre d'exil.

— Ma vue s'affaiblit tellement, me dit-il, que bientôt je la perdrai tout à fait, et je voulais voir encore quelques membres existans de ma famille.

Je ne pus m'empêcher de louer ce bon militaire d'un sentiment si naturel. Avant de nous séparer, je versai une rasade copieuse. Nous portâmes un toast à la santé de l'empereur, à son prochain retour au milieu de ses enfans, et nous nous séparâmes à regret, non sans avoir rajeuni quelques vieilles anecdotes de la belle contrée qu'arrose le fleuve du Nil.

Mes jours, comme je l'ai déjà dit, s'écoulaient dans la monotonie. Pour charmer mes instans de loisir, j'élevais de jeunes coursiers destinés à faire des montures de luxe. A l'époque dont je parle, j'en avais à peu près une

dixaine bien dressés. Je résolus de m'en défaire
dans une tournée. Je me mis donc en route.
Je passai par Avignon, Nîmes, Montpellier,
pour en faire la vente; puis, je revins à Montélimart, d'où je repartis de suite pour Sus-la-
Rousse, Orange et Boulaine.

Je n'entendis partout que des imprécations
insensées contre l'empereur, ou des malédic-
tions plus insensées encore contre ceux qui
l'avaient servi.

Si chaque religion doit avoir ses martyrs, la
nôtre a bien payé sa dette de souffrance dans
ces jours de deuil. Oh! c'est que nous pui-
sions notre force dans l'exemple de l'agonie
qu'avait eue Napoléon. Cet homme était aussi
grand pour ses soldats, que Mahomet pour ses
croyans, que Jésus pour les chrétiens; et ses
soldats devaient souffrir.

Déjà la bande de Trestaillon roulait partout,

précédée de la terreur qu'inspire une horde d'assassins. Ils s'étaient faits sans scrupule les meurtriers d'un vieux capitaine qui avait eu l'audace de dire que sa décoration avait été attachée à sa poitrine par la main de l'empereur, et c'était un crime impardonnable d'avoir servi sous ses drapeaux, et encore plus d'avoir été distingué par lui.

On sait ce qu'eurent à souffrir dans le midi pendant ces instans de douleur et de réaction les malheureux mamelucks de la garde, ces hommes de cœur et de dévouement que Napoléon, pendant son séjour en Egypte, s'était attaché d'autant plus volontiers que la plupart d'entre eux, séduits par les actions éclatantes du héros, s'étaient offerts d'eux-mêmes pour l'accompagner partout où il porterait ses armes victorieuses.

Ils avaient donc partagé tous nos dangers, toute notre gloire surtout depuis que Napo-

léon en avait formé un corps spécial dont il
ne faisait aucune différence avec ses chasseurs
à cheval. Notre patrie était devenue leur patrie ; ils avaient porté vers elle toutes leurs affections ; pour elle, ils avaient versé leur sang
sur les champs de bataille, où souvent leur
bravoure avait fait pencher de notre côté la
victoire incertaine. Quelle récompense était
donc réservée à tant d'honorables travaux
guerriers ? La persécution la plus cruelle, lorsque le chef qui les commandait si glorieusement eut été forcé d'abandonner la France.

Ce fut particulièrement dans le midi qu'ils
éprouvèrent ce que les passions les plus effré-
nées peuvent suggérer de vengeance à des
âmes qui ne comprennent pas le malheur.

J'appris des faits particuliers qui font frémir d'horreur, et si je n'en transmets pas ici
les détails, c'est que pour se permettre de
transcrire des événemens qui comportent en

eux-mêmes tant de gravité, il faut des preuves convainquantes, et comme je ne pourrais parler que d'après les on dit, je préfère garder le silence. Tout ce que je puis affirmer, c'est que les infortunés mamelucks furent massacrés sans pitié par les bandes sanguinaires du midi. Malheureusement je ne suis pas le seul qui sache ces choses; l'histoire l'a inscrit sur ses tablettes en lettres de sang. Que ne puis-je déchirer cette page funèbre!

Je revins tout triste à Montélimart où le bruit de ces assassinats avait produit les sensations les plus vives parmi tous les militaires de l'empire, et dans le cœur de tous ceux qui pensaient noblement. Émus fortement par cette catastrophe, tous les vieux soldats se réunirent incognito, et autant de fois que put le permettre la surveillance des argus chargés de compter nos pas, d'épier nos démarches et de mettre en note chacun de nos soupirs. Nous arrêtâmes ensemble qu'il valait mieux mourir les armes à la main, plutôt que de tomber sous le fer des assassins.

Mais un an s'était écoulé depuis le départ de Napoléon pour l'île d'Elbe, et les événemens se groupaient déjà comme des nuages noircis aux bords de l'horison. Celui que personne n'osait encore nommer tout haut avec la vénération qui s'attache aujourd'hui à son nom, la France le réclamait à voix basse, et un manque de bonne foi, joint à une trahison manifeste, le jeta, grand de génie et d'audace, sur les côtes de France, le premier mars 1815. Que tous ses amis éprouvèrent de bonheur! Que la France entière conçut d'espérance! Que de chevaliers félons eussent voulu avoir pour retraite les entrailles de la terre!

La présence d'un seul homme fit bien des métamorphoses. Toutes les pensées, tous les discours, toutes les démarches se croisèrent. Les sectateurs de la restauration s'agitèrent de

tout leur pouvoir, les armemens commencèrent. — Et moi, je riais, je pleurais, comme on
rit, comme on pleure quand on va embrasser
sa mère après dix ans d'absence, et qu'on n'es-
pérait plus de la revoir jamais.

CHAPITRE XV.

On a vu Marius, à force de constance,
Des fanges d'un marais ressaisir sa puissance.

Le chev. de LAUREZ.

XV.

Au premier bruit du débarquement imprévu de l'empereur, Montélimart fut dans un
grand trouble. A l'agitation indécise des autorités de la ville, à la pâleur empreinte sur le
front de plusieurs militaires, on eût dit que
Annibal était aux portes de Rome; et pourtant

c'était un père qui revenait au milieu de ses
enfans; un ami qu'appelaient les vœux de ses
amis, et ils étaient nombreux. C'était le cas,
ou jamais, d'appliquer ces paroles de Louis
XVIII : « Il n'y a qu'un Français de plus en
France.» Elles eussent été plus véritables dans
la bouche de Napoléon , car il n'apportait
point avec lui de ces arrière-pensées haineu-
ses, de ces ressentimens invétérés ; l'homme
qui se jetait dans les bras de la France ne lui
offrait qu'un cœur généreux et entièrement dévoué à son bonheur.

Le chef de la cohorte de la ville s'était réuni aux autorités ; ils tinrent conseil ensemble,
et délibérèrent sur la marche qu'ils avaient à
suivre. Le résultat de cette délibération fut de
s'avancer au devant de l'empereur, dans le but
d'arrêter sa marche triomphale; on donna
ordre aux employés de toutes les administrations de se rassembler à la mairie. En ma qualité de garde-général des eaux et forêts, je fus

obligé de m'y rendre, et j'avoue que je m'y rendis avec plaisir; j'étais curieux d'apprécier, sous les rapports militaires, les hommes qui étaient à notre tête. Mon examen ne fut pas long; nous fûmes trois jours à attendre le signal du départ.

On trouvera sans doute étonnant de voir au milieu des ennemis de l'empereur un de ses vieux amis, portant sur son cœur palpitant de souvenirs la décoration de la légion d'honneur, et ceint de cette armure si redoutable qu'il avait remise à des mains fidèles; je fus étonné moi-même de me trouver au milieu de tant d'élus, moi, pauvre réprouvé; mais je m'en consolai en pensant que, si brebis galeuse, j'errais au milieu d'un troupeau sans tache, je ne craignais pas de répandre le mal contagieux dont j'étais dévoré.

J'aurais pu refuser hautement d'obéir, mais mon obéissance était plus utile à la cause im-

périale que ma rébellion n'aurait été nuisible
pour le moment aux intérêts royalistes.

Plusieurs anciens soldats avaient fait comme
moi; en nous réunissant, c'en était assez pour
paralyser tout ce qu'on aurait voulu entre-
prendre contre l'empereur. Du reste, mon
apostasie ne fut pas longue; elle s'évanouit
bientôt. Nous devions marcher dans la direction de Carpentras, pour couper la route de
l'empereur sur d'Y; mais la rapidité de la marche de Napoléon nous arrêta tout court; une
terreur panique s'empara de nos chefs, ils nous
abandonnèrent promptement à nous-mêmes.
Voilà les héros modèles qui nous conduisaient
au devant du plus grand capitaine des temps
anciens et modernes, pour arrêter sa marche.
Le pied du géant a passé sur la tête de ces
pygmées, sans effleurer seulement leur cheve-
velure; il n'a pas vu leurs blancs panaches,
mais il avait mesuré d'un coup d'œil leur cœur
sans force et sans vigueur.

Laissons l'empereur s'avancer vers Paris, sans éprouver aucune résistance ; laissons l'armée royaliste se former dans le midi, sous les ordres de Damas, et voyons en peu de mots ce qui se passe autour de nous.

Les craintes des autorités se calmèrent à mesure que l'empereur s'éloignait. La bande de Trestaillon roulait plus impérieuse et plus cruelle que jamais.

Tout ce qui avait servi sous Napoléon était impitoyablement massacré. Ils n'avaient pas jusqu'ici mis le pied dans notre département, et leur fureur ne s'exerçait que sur nos voisins. Les routes d'Avignon, de Nîmes, de Montpellier, étaient encombrées de voitures ; elles arrivaient en foule à Montélimart ; tous abandonnaient leur patrie, chassés par les hordes royalistes. Je vis descendre de l'une de ces voitures un vieillard vénérable dont la physionomie pleine de douceur et les cheveux blancs commandaient le respect. Je m'approchai de lui, c'était le président du tribunal d'Avignon. Tout venait d'être brisé chez lui, et c'est à peine s'il avait pu sauver de la barbarie de ces hommes sans entrailles, une famille qui lui était chère. Ces événemens déplorables nous menaçaient nous-mêmes d'un moment à l'autre.

Nous nous formâmes donc en petite compagnies de quarante à cinquante hommes, selon les localités et la facilité que nous pouvions avoir de le faire sans danger, et nous résolûmes de marcher au premier signal de l'empereur. Il ne se fit pas attendre. Le général Debelle reçut, le 9 mars, l'ordre de prendre sur le champ le commandement du département de la Drôme, et de faire exécuter les décréts et les ordres de Bonaparte qui allait redevenir sous peu empereur des Français. Il apprit que tous les vieux militaires de l'empire, et de plus un grand nombre de citoyens recommandables s'étaient rassemblés pour s'opposer à la marche des armées royalistes. Comme ancien officier de la vieille garde , l'ordre me fut envoyé de rassembler des troupes partout où je pourrais. Ce fut alors que s'établit entre le général et moi une correspondance active basée dans la circonstance sur le besoin d'ordres et d'exécution, et surtout de manœuvres habilement conçues, parfaitement comprises et sagement exécutées. — Le 21 mars 1815. il m'envoya une dépêche télégraphique de Paris ainsi conçue :

« Sa majesté, l'empereur est entré à Paris, à
» la tête des troupes qui avaient été envoyées
» contre lui, et aux acclamations d'un peuple
» immense. »

Certifié conforme ,

Le Préfet du département du Rhône ,

Signé FOURNIER.

Pour copie conforme :

Le général, commandant le dépt. de la Drôme,

DEBELLE.

L'empereur a posé le pied sur les degrés de son trône; une ère nouvelle va commencer pour moi; une mission toute différente va m'être confiée. Soldat de Napoléon, j'ai remis mon sabre au côté, et quand je le déposerai, le lecteur aura jugé si je fus fidèle à sa cause. — Mais ne voulant pas anticiper sur des faits qui appartiennent naturellement à la seconde partie de ces souvenirs... je m'arrête.

FIN DU PREMIER VOLUME.

ERRATA.

Page 187 : Au lieu de cette phrase :
Quelques jours après, je fus nommé lieutenant en second, et je reçus mon brevet à Schœnbrunn.

Lisez : Quelques jours avant, sur le champ de bataille même d'Austerlitz, je fus nommé lieutenant en second, et je reçus peu de jours après mon brevet à Schœnbrunn.

www.ingramcontent.com/pod-product-compliance
Lightning Source LLC
LaVergne TN
LVHW020611180726
843502LV00002B/433